미
VS
중
무역대전쟁

# US-CHINA TRADE WAR (中美貿易戰)

세계 패권 쟁탈을 향한

# 미 vs 중

# 무역대전쟁

주윈펑, 어우이페이 지음 | 차혜정 옮김

21세기북스

목차

# 미중 무역전쟁은 '회색 코뿔소'다

미중 무역전쟁은 2019년 최대의 '회색 코뿔소Gray Rhino(충분히 예측이 가능하지만 쉽게 간과하는 리스크-옮긴이)'이며, 반드시 주시해야 하는 이슈다. 그럼에도 불구하고 이와 관련한 자료들이 여기저기 흩어져 있었는데, 이를 체계적으로 정리하여 참고할 수 있는 책이 출간된 것을 기쁘게 생각한다.

'회색 코뿔소'는 많은 사람이 언급하는 '블랙 스완Black Swan'과는 다르다. 블랙 스완은 예측할 수 없는 리스크를 지칭하며, 발생 확률은 매우 낮지만 일단 발생하면 큰 영향력을 미친다. 회색 코뿔소는 몸무게가 2톤은 족히 나가는 대형 동물로, 충돌하면 그 위력이 어마어마하지만 우리를 향해 돌진하는 모습을 볼 수 있기에 미리 피할 수 있다.

　일각에서는 미중간 무역 문제가 트럼프의 경선용 발언이며 시간이 지나면 점점 수그러들 것이라고 주장했다. 미중 무역 문제가 트럼프 집권 후 중간선거의 이슈이며, 선거가 끝나면 무역전쟁도 자연스럽게 종결될 것이라고 주장하는 사람도 있었다. 그러나 미국과 중국 두 나라의 분쟁은 점점 격화되고 있는 것이 현실이다. 이는 무역마찰로 빚어지는 국제수지 불균형에 그치지 않고 두 강대국의 패권 쟁탈전 성격을 띠고 있기 때문이다. 미국은 지적재산권을 무기로 내세우며 중국을 압박하고 있는데, 중국의 과학기술이 일취월장하여 2025년 제조강국에 오르고 2035년에 미국을 추월하게 될 상황을 우려한다. '중국몽(과거 세계의 중심 역할을 했던 전통 중국의 영광을 21세기에 되살리겠다는 의미로, 경제와 군사 패권의 강화 등을 추진하는 중국의 전략을 의미한다.-옮긴이)'을 우려한 미국이 두 다리를 뻗고 잠을 이루지 못하는 것이다.

　일례로 중국 최대 통신장비업체 화웨이華爲의 5G 신기술은 이미 미국을 추월하여 미국에 큰 위협이 되고 있다. 2018년 12월 1일 캐나다 경찰은 미국 정부의 사법 협조 요청을 받아들여 화웨이의 현직 부총재 겸 재무이사이며, 설립자 런정페이任正非의 장녀인 멍완저우孟晚舟를 체포했다. 미국의 수출 규제를 어기고

민감한 과학기술을 이란에 수출하고 장부를 조작했다는 혐의였다.

트럼프 미국 대통령도 화웨이 장비를 금지하는 법안에 정식으로 서명하면서 동맹국들에 화웨이 장비 사용을 금지해 달라고 호소했다. 이는 미중 무역마찰 문제가 단기간에 해결되지 않을 것임을 예고하는 현상이다. 미중 무역전쟁의 과정에서 상호 관세 추가, 이에 따른 상호 피해, 위안화 절하, 글로벌 금융시장의 충격에 이르기까지, 그 충격파가 대만에도 고스란히 미칠 것이다. 따라서 이 상황을 무심히 넘길 수 없게 되었다.

이 책은 미중 무역전쟁의 전후관계를 매우 확실히 짚어준다. 트럼프의 행동을 근원에서부터 분석할 뿐 아니라 미국 무역전쟁 강경파의 사상적 맥락과 정치적 전략에 대해서도 상세히 분석했다. 또한 대국이 대립하는 원인을 분석하여 미국인의 두려움, 영광, 이익에 관해 깊이 있게 설명하면서, 대국의 굴기에 반드시 일전—戰이 따르는지를 살펴보고 있다. 이것이 바로 스파르타와 아테네의 역사적 사실에서 비롯된 '투키디데스의 함정'으로, 새롭게 부상하는 대국은 반드시 기존의 대국에 도전해야 하며, 기존의 대국도 이러한 위협에 필연적으로 대응해야 하므로 이 과정에서 전쟁이 불가피하다는 뜻이다.

중국은 개혁개방과 함께 비약적인 경제 발전을 이뤘으며, 미국은 이에 '중국 위협론'으로 맞섰다. 이 책에서 언급하듯이 미국은 이미 중국의 부상을 글로벌 지정학적 위협으로 간주하고 있다. 경제에 국한하지 않고 국방과 외교까지 포함해서 말이다. 따라서 미국은 중국의 '산업정책'에 무척 민감하다. 미국 관리들의 눈에 중국의 산업정책은 일종의 '경제 침략'이고 '악성 종양'이며 '불공정 경쟁'이므로 반드시 제거해야 할 대상이다. 그들은 중국의 '산업정책'이 다양한 방법으로 수립되기 때문에 주요 경제예측기관에서 2019년 글로벌 경제 성장률을 끊임없이 수정하게 만들었다고 생각한다.

역사는 우리에게 교훈을 준다. 이 책에서도 과거를 분석하여 미래를 예측하고 있다. 1980년대 일본과 미국 사이에 있었던 아픈 경험(엔화절상을 통해 미국이 일본 경제를 견제했던 과정)을 돌아봄으로써 이번 무역전쟁의 미래가 어떻게 발전할지 예측해보고, 중국 대륙과 대만 경제에 대한 영향에 대해 연구했다. 이번 무역전쟁이 대만 기업과 대만의 발전에 전반적으로 미치는 영향을 간과할 수 없기 때문에 이 책에서도 양안兩岸의 순조로운 발전을 위한 해결책을 제시하였다. 책의 말미에는 평화의 사자가 출현하여 이 분쟁을 해결해줄 것을 기대한다. 책 전체가 한 호흡으로 진행되어 독자들은 진정한 지식을 쌓을 수 있을 것이다.

이 책의 저자 주윈펑朱雲鵬 교수는 나의 국립대만대학교 경제학과 선배로, 전공 연구에 탁월할 뿐 아니라 해박한 지식을 갖고 있으며, 그의 주장을 입증할 다양한 자료가 인용된 글은 독자들에게 지식의 향연을 제공할 것이다. 공저자 어우이페이歐宜佩는 주교수의 제자로, 대만 중앙대학교中央大學 산업경제연구소에서 박사 학위를 받고 현재 중화경제연구원中華經濟研究院에 재직 중인 산업분석 전문가다. 이 시대에는 논문과 저술을 완성하기 위해 협업이 필요하다. 한계효용체감과 한계비용이 증가하는 현실을 고려할 때, 한 사람의 힘만으로는 작업 진도가 느려지기 마련이다. 따라서 협업을 통해 효율을 높이고 비교 이익을 발휘하며 작품의 효율을 증진할 수 있다.

미중 무역전쟁은 결코 단순한 문제가 아니고 단시간에 해결할 수도 없으며 대만에 끼치는 영향도 막대하다. 국가 경제에 관심이 있는 뜻있는 사람들이라면 반드시 알아야 할 문제다. 그런 면에서 이 책이 발간된 것은 참으로 시기적절하다고 할 수 있다.

린젠푸林建甫, 대만경제무역원 원장, 대만대학교 경제학과 교수

# 미중 무역전쟁은
# 패권 쟁탈전이다

미중 무역분쟁은 표면적으로는 무역전쟁으로 보이지만 실제로는 과학기술과 지적재산권, 화폐정책의 주조권, 나아가 글로벌 경제 주도권에 대한 쟁탈전이나 다름없다. 현재 글로벌 게임 규칙을 주도하는 미국은 다음 단계에서 부상하는 대국(중국)에 주도권을 빼앗길 것을 염려하고 있으며, '투키디데스의 함정'은 곧 그 두려움의 산물이다. 특히 중국이 내세우는 '중국 제조 2025Made in China 2025', '어메이징 차이나Amazing China, 厲害了我的國', 그리고 5G 등의 과학기술 분야에서 화웨이華爲, 중싱中興 등 중국 기업의 약진은 미국의 두려움을 더욱 가중시키고 있다. 따라서 미중 무역전쟁의 발생에는 이런 배경이 자리하고 있다.

무역전쟁 과정에서 미국은 스스로 우위를 인정하고 있다. 미국은 수출 의존도가 낮고 사회가 안정되었으며 과학기술에도 우위를 점하고 있기 때문이다. 반면 중국은 공급 측면의 내부 개혁을 진행하는 가운데 무역전쟁으로 인한 부담을 지게 되기 때문에 등뒤에서 적을 맞는 형국이다. 그러나 중국은 감세, 금리인하, 수출 보조금 등 다양한 수단을 통해 미국의 위협에 대응할 수 있으므로 불리한 것만은 아니다. 기업가 출신인 트럼프 대통령은 위협과 협박을 통해 더 많은 카드와 양보를 받아내는 것이 목적이다. 트럼프의 참모진에 포진한 강경파들도 그가 쉽게 양보해서는 안 된다고 강조한다. 이는 미중 무역전쟁이 화해와 경색을 거듭하며 종잡을 수 없는 국면에 빠진 원인이기도 하다. 따라서 미중 무역전쟁은 지구전으로 변할 공산이 크다.

미중 무역전쟁이 빠른 시일 내에 끝날 조짐이 보이지 않는 가운데, 트럼프가 무역전쟁을 일으킨 이유와 이에 따른 충격을 분석할 필요가 있다. 기업의 수출입, 공급체인의 조정뿐 아니라 경기의 반전과 환율 변동, 나아가 증시와 부동산의 전망에 미치는 파급력이 크기 때문이다. 정부와 기업에서부터 소시민에 이르기까지 큰 영향을 받을 것이다. 미중 무역전쟁이 한창인 시기에 시기적절하고 깊이 있는 분석을 통해 사회와 대중의 의혹을 불식시키고 후속 추이를 파악하는 데 이 책이 도움이 될 것 같아 추천한다.

 이 책에서는 중국의 부상과 미중 대립의 배경, 과거 미국이 주요 경쟁자를 대하는 방식(가령 1980년 엔화의 대폭 절상을 압박하여 일본의 거품경제를 초래하고, 이에 따라 일본이 다시는 미국에 저항할 힘을 잃게 만드는 식이다)을 소개한다. 중국에 대한 가차 없는 공격을 보면 미국의 구상과 향후 무역전쟁의 향방을 가늠할 수 있다. 특히 기존 대국이 부상하는 대국을 상대하며 빠지게 되는 '투키디데스의 함정'과 그 배후의 발전 추이를 깊이 있게 해석함으로써 경제, 정치의 발전 및 역사적 배경을 분석하고 있다.

 미중 무역전쟁의 배후 원인과 역사적 배경에 대한 해석 외에도, 무역전쟁이 중국과 대만 경제에 미칠 영향을 깊이 있게 분석하고 있다. 공급체인 효과 측정, 보조자료의 가중치 분석, 그리고 중국과 대만 기업의 공급체인, 산업관련표 등을 바탕으로 무역전쟁이 중국 및 대만 경제에 미칠 파장을 예측한 추론은 상당한 설득력이 있다. 또한 일본이 미국의 견제를 피하기 위해서 거품경제 붕괴 후 시행한 혁신, 업그레이드, 우회진출 등을 포함한 산업구조조정 정책은 무역전쟁에 대비하는 경제 정책 면에서 특히 참고할 만하다. 미중 무역전쟁의 참고서로서 반드시 읽을 것을 추천한다.

왕젠취안王建全, 중화경제연구원 부원장

# 무역전쟁에 승자는 없고
# 패자만 있다

　미국과 중국의 무역전쟁은 가깝게는 트럼프가 대통령 당선 후에 취한 대중강경정책에서 그 원인을 찾을 수 있다. 이밖에 반세계화, 빈부 불균형, 보호주의와 미국의 정치판도를 포함한 장기적이고 구조적인 이유가 있다. 이러한 장기적이고 구조적인 원인을 비롯하여, 최근의 무역전쟁에서 트럼프 정부가 보여준 태도와 조치를 분석하고 나아가 향후 양국 분쟁의 추이를 분석하기 위해서 이 책을 쓰게 되었다.

　이 책에서는 공급체인이라는 경제학적 관점에서 무역전쟁이 중국 및 대만의 경제와 산업에 미치는 직접적인 영향을 예측해본다. 각 주요 산업에서 중국의 대미수출 물량이 장차 어떻게 변화할지도 살펴볼 것이다. 또한 공급체인에 미치는 영향 외에 투자와 소비 측면, 그리고 대만 기업에 미치는 충격에 대해서도 평가했다.

이 책을 집필하는 과정에서 두 차례의 세미나에 참석하여 중요한 성과를 거뒀다.

첫 번째 계기는 재단법인 위지중 문교기금회餘紀忠文敎基金會에서 2018년 9월에 개최한 '글로벌 무역전으로 본 글로벌 정치경제 변화' 세미나였다. 쉐치薛琦, 류준이劉遵義, 쉬자둥許嘉棟, 천톈즈陳添枝, 스전룽施振榮의 미래지향적인 연설을 들으면서 깊은 깨달음을 얻을 수 있었다.

두 번째 세미나는 재단법인 센다이 재경기금회現代財經基金會에서 한 달 후에 개최한 '글로벌 경제 무역 변화 구도하의 대만 정책' 포럼으로, 황휘전黃輝珍, 리선일李伸一, 우중수吳中書, 왕젠취안王健全, 가오장高長의 연설은 중요한 시사점을 던져주었다.

세미나 외에도 운 좋게 세계적인 석학들의 사상과 저술을 접하여 필자의 추론을 체계화하는 데 큰 도움을 받았음을 이 자리에서 밝힌다.

첫 번째 책은 독일계 경제학자이며 필자의 지인이기도 한 리하르트 베르너Richard Werner 교수가 2003년 출판한《금융의 역습, 과거로부터 미래를 읽다Princes of the Yen: Japan's Central Bankers and the Transformation of the Economy》로, 일본이 번영에서 침체로 향하는 과정과 원인이 상세히 분석되어 있다.

두 번째 책으로는 영국 케임브리지 대학교 교수이자 한국 경제역사학자 장하준張夏準이 2002년에 발표한《사다리 걷어차기 Kicking Away the Ladder: Development Strategy in Historical Perspective》로, 현재의 선진국이 발전 초기에 보편적으로 취한 보호정책 현상이 설득력 있게 분석되어 있다. 세 번째 책은 노벨경제학상 수상자 조지프 스티글리츠Joseph Stiglitz가 2002년에 발표한《세계화와 그 불만 Globalization and Its Discontents》과 2017년에 발표한《세계화의 약속과 상실을 다시 말한다: 트럼프 시대의 반세계화》로, 세계화의 효과, 시행상의 편차, 후유증의 발생이 상세히 설명되어 있다.

이 책의 저술 과정에서 보내준 여러 학자와 지인들의 도움에 감사한다. 공동 저자 어우이페이歐宜佩의 협력연구와 중화경제연구원을 포함한 여러 싱크탱크think tank 학자들의 조언에도 고마움을 전한다.

이 책이 독자들에게 무역전쟁에는 승자가 없고 패자만 있으며, 무역전쟁이 대만을 포함한 전 세계의 분업 참여자들에게 피해를 끼친다는 사실을 분명히 전할 수 있기를 기대한다. 대만 사

람들과 기업 지도자, 정치인과 오피니언 리더들이여! 우리에게
는 비관할 권리가 없으니 모두 최선을 다하고 마음과 힘을 기여
하여 인류에게 비극이 발생하는 것을 막아주기를 바란다.

주원펑 타이베이 의과대학교 및 둥우대학교 겸임교수, 전 행정원 정무위원

"우리나라에는 큰 문제가 있다. 우리에게 더 이상 '승리'는 없다.
최근 무역협상에서 중국을 이긴 적이 있는가? 일본을 이긴 적이 있는가?
그들은 우리에게 자동차를 판매하고 우리 땅에서 수많은 차량을 팔았다.
그러나 도쿄에서 쉐보레를 본 적이 있는가? 우리의 일자리는 중국과 멕시코에 빼앗겼다."
- 도널드 트럼프, 2015년 공화당 대통령 경선 출마 선언 중 -

# PART 1

# 트럼프의 외교정책

# 미국 우선주의

## 위대한 미국이 되는 길

트럼프는 누구인가? 그는 왜 무역제재 조치를 무기로 다른 나라들을 그토록 위협하는가? 사실 오늘날 트럼프의 발언은 이미 33년 전에 그가 했던 말이다. 그는 미국의 대외정책에 대해 확고한 의견을 밝힌 바 있다. 그의 행보는 미국 대통령 경선 후에 시작된 것이 결코 아니다.

33년 전인 1987년, 트럼프는 겨우 41세에 대통령 선거 출마를 권유받았지만 당시에는 이 제안을 거부했다. 그는 대통령 선거에 출마하지 않고 당시 외교정책을 비판하는 광고를 미국의 주요 신문에 실었다.

## 미국의 대외정책은 기개만 있으면 순조로울 것이다

미국 국민에게,

수십 년 동안 일본과 다른 나라들은 미국을 이용해왔다. 미국이 페르시아만Persian Gulf을 지키는 한 이런 어처구니없는 일은 계속될 것이다. 이 지역은 미국의 원유공급과 관련하여 그다지 큰 비중을 차지하지 않지만, 일본과 다른 나라들은 이 지역에 전적으로 의존하고 있다. 미국은 그 국가들의 이익을 지키기 위해 무수한 생명을 희생하고 수십억 달러의 비용을 감내하는데 그들은 왜 이에 대한 대가를 지급하지 않는가? 미국의 손에 생존이 달려 있는 사우디아라비아는 지난주 우리가 (유감스럽게도 우리 기술보다 앞서 있는) 그들의 소해정mine sweeper(기뢰를 찾아서 제거하는 배)을 이용해 페르시아만을 감시하는 것을 거부했다. 세계는 미국 정치인들을 비웃고 있다. 미국이 소유하지도 않은 배를 보호해주고, 결코 미국을 도와줄 리 없는 동맹국을 위해 불필요한 원유수송을 지켜준다는 것이다.

일본은 (미국이 방위비를 무료로 제공함에 따라) 오랫동안 거액의 방위비 부담 없이 유례없는 엄청난 흑자를 기록하며 강력하고 활기찬 경제를 건설했다. 그들은 달러에 대한 엔화의 약세를 유지했다. 게다가 미국이 일본과 다른 국가를 위해 방위비를 부담함으로써 일본은 경제 선진국으로 도약했다.

지금은 상황이 바뀌어 달러 대비 엔화 강세로 전환했다며 일본은 공개적으로 불만을 터뜨린다. 그러나 우리 정치인들은 전형적인 방식으로 이러한 불합리한 불만에 대응하고 있다.

이제는 일본과 방위비 부담 능력이 있는 여러 나라에 비용을 지불하게 하여 우리의 엄청난 재정적자를 타개할 때다. 우리가 세계를 보호하고 있어서 이 국가들은 수천억 달러를 아끼는 셈이며, 이에 따른 그들의 이익은 우리의 보호비용을 크게 웃돈다.

이어서 일본과 사우디아라비아, 다른 국가들은 동맹으로서 우리가 제공하는 보호에 대한 비용을 지불해야 한다. 우리는 유사 이래 가장 훌륭한 이윤창출도구the greatest profit machines(우리가 창조하고 육성하는 기기)를 이용해 우리의 농민들, 환자들, 집 없는 사람들을 도와야 한다. 미국이 아니라 부유한 국가들에 '세금'을 부과해야 한다. 자국의 자유를 위해 우리에게 보호 비용을 쉽게 지불할 수 있는 나라들을 지켜주는 데 드는 비용을 없애서, 우리의 막대한 적자를 타개하고 우리의 세금을 줄이고 미국의 경제를 성장하게 해야 한다. 우리의 위대한 국가가 더는 비웃음을 사지 않게 해야 한다.

1987년 9월 2일, 도널드 트럼프

1987년은 플라자 합의가 체결된 지 2년이 지났을 때다. 당시 일본이 미국의 최대 무역 적자국이었기 때문에 트럼프는 일본에 불만이 많았다. 트럼프는 일본이 미국의 보호 아래 엄청난 무역흑자를 낼 수 있었으므로 일본에 비용을 청구하지 않을 수 없다고 주장했다. 마찬가지로 사우디아라비아에도 방위비를 받아야 한다고 주장했다.

이듬해 트럼프는 오프라 윈프리Oprah Winfrey의 텔레비전 토크쇼에 출연하여 다음과 같이 주장했다.

"미국은 2,000억 달러의 경상수지 적자를 계속 감당할 수 없다. 우리는 일본이 미국 시장에 계속 진출하여 그들의 상품을 판매하게 했다. 이는 결코 자유무역이 아니다. 우리가 일본에 물건을 판매하는 것은 거의 불가능하며, 이는 생각할 수도 없는 일이다. 일본은 미국 제품의 수입을 법으로 금지하지 않지만 우리 제품이 수입되지 않도록 방해하고 있다. 그들은 일본 자동차, 비디오카세트 녹화기VCR를 미국에 판매해 우리 기업을 초토화시켰다. 나는 일본인들을 존중한다. 하지만 그들은 우리 나라를 무너뜨리고 있다."

그는 이어서 "쿠웨이트 사람들은 왕처럼 생활하는데 우리는 방위비를 부담하여 그들의 석유 수출을 도와준다. 그런데 왜 그들은 우리에게 25퍼센트의 세금을 내지 않는가?"라며 쿠웨이트가 수출하는 석유 1배럴당 25퍼센트의 수익을 미국이 가져와야 한다고 주장했다. 또한 쿠웨이트가 석유를 일본에 주로 판매하기 때문에 미국이 걸프전을 수행하는 것은 결국 일본을 위하는 것이라고 주장했다. "사람들은 미국이 잇속을 차린다고 비난하지만 일본이 누구로부터 그토록 많은 돈을 벌 수 있었겠는가? 그들은 25년 동안 줄곧 우리에게 무임승차를 해왔다."라고 말했다.

그로부터 몇 년 후 트럼프는 〈플레이보이Playboy〉 잡지와의 인터뷰에서 이렇게 주장했다.

"많은 상황에서 강경한 태도가 우위를 차지한다. 나는 이 나라에 진입하는 모든 벤츠 차량과 일본의 모든 제품에 세금을 부과할 것이다. 그렇게 해야 비로소 훌륭한 동맹이라고 할 수 있다."

트럼프는 당시 미국의 정치 지도자에 관해 이렇게 말했다.

"나는 조지 부시George Bush(아버지 부시, 미국 41대 대통령)를 무척 좋아하며 그를 영원히 지지할 것이다. 그러나 더 관대하고 더 온화한 미국을 만들자는 그의 주장에는 동의하지 않는다. 이 나라가 더 온화해지면 사실상 더는 이 세상에 존재하지 않게 될 것이다. 기업가 출신인 우리가 미국의 외교정책을 집행한다면 우리는 전 세계의 존중을 받을 것이다."

"나는 극단적인 군사 역량을 강하게 믿는다. 나는 아무도 믿지 않는다. 나는 러시아를 믿지 않으며 우리의 동맹을 믿지 않는다. 나는 방대한 군사무기고를 보유하고 보완할 것이다. 문제의 일부는 우리가 세계적으로 가장 부유한 국가들을 쓸데없이 보호하고 있다는 데 있다. 우리는 세계 각지로부터 비웃음을 당하고 있다. 이를테면 일본을 보호하는 일이 그렇다."

30년이 지난 2015년에 트럼프는 대통령 경선 출마를 공식 선언했다. 이때 그의 나이는 69세였다. 일본이 '중국'으로 바뀐 것만 빼면 그의 발언은 30년 전과 완벽하게 일치했다. 트럼프는 경선 출마를 선언할 때 이렇게 말했다.

"우리나라에는 큰 문제가 있다. 우리에게 더 이상 '승리'는 없다. 최근 무역협상에서 중국을 이긴 적이 있는가? 일본을 이긴 적이 있는가? 그들은 우리에게 자동차를 판매하고 우리 땅에서 수많은 차량을 팔았다. 그러나 도쿄에서 쉐보레를 본 적이 있는가? 우리의 일자리는 중국과 멕시코에 빼앗겼다."

# 트럼프의 당선 배경

## 2016년 미국의 정치 지형

트럼프는 어떻게 해서 대통령에 당선될 수 있었을까? 각 주의 경선 승리 비례로 당선 이유를 분석해봤다.

다음 페이지의 그림 1은 2012년 연임에 성공한 버락 오바마(흰색으로 나타낸 주)가 승리한 주를 표시한 것이다. 그림 2는 도널드 트럼프(붉은색으로 나타낸 주)가 2016년에 승리한 주를 표시한 것이다. 그중 6개 주, 즉 아이오와 주, 위스콘신 주, 미시건 주, 오하이오 주, 펜실베이니아 주, 플로리다 주는 원래 흰색이었다가 붉은색으로 변했으며, 단번에 트럼프를 지지한 주가 12개 주

그림 1 미국 대통령 선거 2012년 정당 분포도(민주당은 흰색, 이하 동일)

□ 버락 오바마 332표 vs. ▨ 미트 롬니 206표

(1) 버몬트 주: 3표    (2) 뉴햄프셔 주: 4표    (3) 매사추세츠 주: 11표
(4) 코네티컷 주: 7표    (5) 로드아일랜드 주: 4표    (6) 뉴저지 주: 14표
(7) 델라웨어 주: 3표    (8) 메릴랜드 주: 10표    (9) 워싱턴 특구: 3표
(10) 웨스트버지니아 주: 5표

출처: 자체 제작

가 되었다. 50개 주 중에서 6개 주에서 역전함으로써 트럼프가
승리한 것이다.

동서 해안가 주에서는 플로리다 주를 제외하고는 트럼프에
게 거의 투표하지 않았다. 미국에는 굵직한 기업도 많고 과학
기술도 막강하다. 그러나 이런 기업들은 거의 동부와 서부 해
안에 모여 있는데, 아마존, 마이크로소프트, 구글, 애플, 인텔,
버라이즌Verizon, 맥케슨McKesson 등이 있다(그림 3). 이 회사들은 모

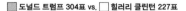

그림 2 미국 대통령 선거 2016년 정당 분포도

■ 도널드 트럼프 304표 vs. □ 힐러리 클린턴 227표

(1) 버몬트 주      (2) 뉴햄프셔 주      (3) 매사추세츠 주
(4) 코네티컷 주    (5) 로드아일랜드 주  (6) 뉴저지 주
(7) 델라웨어 주    (8) 메릴랜드 주      (9) 워싱턴 특구
(10) 웨스트버지니아 주

출처: 자체 제작

두 트럼프에 투표하지 않았다. 트럼프를 선택한 사람들은 미국에서 경제 발전이 낙후된 지역 주민들로, 자신의 처지를 견딜 수 없었기 때문에 트럼프에게 투표했다. 낙후된 주는 미국의 중간 지대에 위치하여 '비행기로 날아가는 주Flyover States'라고 부른다. 동서 해안가의 주에는 교통이 발달되어 비행기가 자주 오가지만 가운데 있는 주(그림 속 동그라미 부분)는 그냥 지나가기 때문이다.

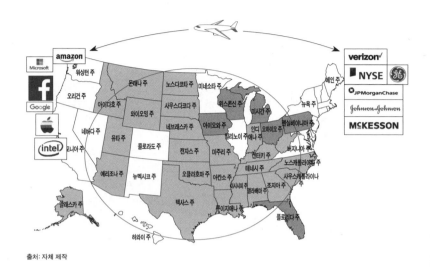

그림 3 미국 동부 연안과 서부 연안의 대형 공장 분포도

출처: 자체 제작

　　미국 공영 텔레비전PBS의 시사 프로그램 〈프런트라인Frontline〉
은 2018년 9월 11일 다큐멘터리 한 편을 방영했다. '뒤처진 미
국Left Behind America'이라는 제목의 이 다큐멘터리에서 조명한 지
역은 미국 중서부Heartland(미국의 핵심 지대)에 위치한 오하이오 주
의 데이턴 시Dayton, Ohio다. 이 주는 2016년 대선에서 민주당에 등
을 돌리고 공화당을 지지한 지역이다. 데이턴 시는 70번과 75번
주州간 고속도로가 교차하는 교통 요지에 위치해 있다.

## 데이턴 시의 절망

다큐멘터리에서 기자는 르포 형식으로 자신이 2012년 처음으로 데이턴 시에 갔을 때와 그 후 여러 차례 취재하면서 느낀 감상을 술회했다. 주정부 소재지 몽고메리Montgomery에 속한 도시 데이턴은 2016년 들어 28년 만에 처음으로 공화당의 대통령 후보에게 투표를 했다. 다큐멘터리에서는 약 52분에 달하는 이 프로그램이 끝나기도 전에 데이턴 시에서 6명이 약물 과다복용으로 사망할 것임을 예고했다. 데이턴 시의 빈곤 비율, 즉 인구 중 빈곤선 이하에 처한 사람들의 비율은 34퍼센트이고, 3명 중 1명이 빈곤선 아래에 놓여 있으며, 이는 미국 전역 빈곤율의 3배에 달한다. 10년 전, 즉 2008년부터 2009년까지 이어진 세계적 경기 침체The Great Recession가 오기 전만 해도 데이턴 시의 상황은 이 정도로 처참하지는 않았다. 그때만 해도 데이턴 시는 아메리칸 드림을 실현할 수 있는 도시였으며, 이곳 사람들은 노력만 하면 성공할 수 있다고 믿었다.

데이턴 시의 시장인 낸 웨일리Nan Whaley는 과거 자신의 아버지가 제너럴 모터스GM, General Motors에서 일했으며 그때만 해도 삶이 풍족했다고 밝혔다. 집과 자동차는 물론이고 자녀들을 대학에 보낼 형편이 되었기 때문에 낸 웨일리의 형제들은 변호사가 되었고 자신은 시장이 되었다고 한다.

미국은 캐나다, 멕시코와 2018년 새로운 북미자유무역협정 NAFTA, North American Free Trade Agreement 을 체결하여, 미국에 수출되는 자동차 수량을 제한하고 일정 비율 이상의 부품을 시간당 임금 16달러 이상인 국가에서 생산할 것을 규정했다. 이는 사실상 멕시코에서는 생산을 금지하고 캐나다나 미국에서만 생산해야 한다는 의미였다. 시급 16달러는 다큐멘터리 제작 당시 데이턴 시를 포함한 미국 블루칼라 노동자들의 평균 임금에 해당한다. 다큐멘터리에서는 10여 년 제너럴 모터스에서 일했다는 노동자를 인터뷰했다. 그는 당시 자신의 시급이 35달러였다고 밝혔다. 그 돈으로 집과 자동차를 사고 자녀의 대학 학비를 댈 수 있었다. 그런데 지금은 시급이 15~16달러에 불과하다고 한다. 그 돈으로 생활이 가능할까? 부부가 맞벌이를 해도 집세와 보험료, 자녀의 대학 학자금을 갚기에도 벅차다. 이곳 인구의 3분의 1이 빈곤선 이하에서 허덕이고 있는 것도 당연하다. 그래서 사람들은 중국이나 멕시코를 원망하게 된 것이다.

트럼프가 "중국과 멕시코가 우리 일자리를 빼앗아갔다"고 말한 것도 무리가 아니다. 트럼프가 대통령에 당선된 것은 트럼프가 자신들의 마음을 대변해준다고 생각한 데이턴 시민 같은 사람들이 있었기 때문이다. 트럼프는 남녀 차별주의 성향과 성추행 혐의로 구설수에 오르기는 했지만 시민들의 마음을 대

변하는 말을 했다. 그는 부정적인 이미지 때문에 선거 전 설문 조사에서 민주당 대선후보 힐러리 클린턴에게 패배했다. 하지만 설문조사에서 아직 지지하는 후보를 결정하지 않았던 부동층은 트럼프의 발언을 듣고 나서 그에게 투표하기로 마음을 굳혔다.[1]

## 지역 공동화 현상

데이턴 시는 처음부터 이렇게 낙후된 지역이 아니었다. 오히려 한때는 미국의 '실리콘 밸리'로 부를 정도로 1인당 특허신청 건수가 미국 전역에서 가장 많았으며, 자동차와 기계제조 분야에서 특히 앞서 나갔다. 비행기를 발명한 라이트 형제가 바로 데이턴 시 출신이다. 금전 등록기를 발명한 사람도 데이턴 시 출신으로, 그는 지금도 건재하고 있는 NCR National Cash Register 이라는 회사를 설립했다. 이 회사는 미국 전역의 금전 등록기 시장을 장악하고 있으며, 제품이 세계 각지에 팔리고 있다.

데이턴 시가 번영하면서 외부에서 대량의 인구가 유입되었다. 아프리카계 미국인들이 백인 위주의 도시에 들어와 살기 시작한 것이다. 이 다큐멘터리에서는, 은행에서 지역을 나눠서 아프리카계 미국인이 어떤 집에 대한 주택 대출을 받을 수 있는지를 결정했다고 지적했다. 따라서 유색 인종들은 점점 특정 지역에 집중하게 되어 인종격리 문제가 발생했다. 이는 데이턴 시 문제의 시발점이었다. 격리된 유색 인종이 모여 사는 거주 지역에서 백인들이 모두 떠나자 경제는 침체되고 소득은 감소했다. 결국 데이턴 시의 서쪽은 유령 도시가 되어 버렸다. 상점과 슈퍼마켓, 약국이 사라진 자리에 맥도날드와 버거킹만 남아 있었으며, 채소나 과일을 파는 곳은 보이지도 않았다.

클린턴 대통령이 북미자유무역협정을 체결한 후 데이턴 시의 자동차 부품 공장들은 대거 멕시코로 이전했다. 2000년 중국이 세계무역기구WTO, World Trade Organization에 가입하면서 상황은 급격히 달라졌다.

사실 데이턴 시에서 약물 과다복용은 역사가 깊다. 노동자들은 자동차 공장에서 작업할 때 같은 동작을 반복하기 때문에 요통이 쉽게 생겼고, 이에 따라 의사에게 진통제를 처방받아 평상시 복용해온 것이다. 20년 정도 복용하다 보니 약물에 내성이 생겼고, 훗날 실업자가 되고 나서는 생활고의 시름을 잊고자 약물을 계속 복용해 그 양이 계속 늘어났다. 데이턴 시에서 약물 과다복용으로 인한 사망률은 미국에서도 손꼽힐 정도로 높다. 다큐멘터리에서 인터뷰한 검시관은 약물 과다복용으로 사망한 사람들이 많아 시체 보관실이 부족할 정도였다고 밝혔다. 미국에는 전염병 발생에 대응한 긴급 시스템이 있어서 전염병으로 사망자가 대량 발생할 때 다른 주에서 많은 시체를 수용하는 냉동 컨테이너를 공수할 수 있다. 데이턴 시는 이런 냉동 컨테이너를 다른 주에서 날마다 운반해 올 정도라고 했다.

다큐멘터리에서는 한 교회에 설치된 자선센터에서 무료급식과 기본적인 식품, 기부 물품을 제공하는 모습을 보여주었다. 데이턴 시에서 정상적으로 노동하는 주민들도 정기적으로 이 자선센터에서 식사를 하고 시리얼, 밀가루, 파스타 면, 채소 샐러드, 케이크 등의 물품을 가져간다고 한다. 어떤 가정은 일주일에 두 번 방문하기도 하는데, 그렇게 하지 않으면 그들의 수입으로는 아이들에게 제대로 된 음식을 먹일 수 없기 때문이다. 자선센터 운영자는 이런 사람들이 점점 많아지는 추세이며, 그들의 삶을 바꿀 희망은 보이지 않는다고 밝혔다. 고작 시급 15달러의 수입으로는 저축은 엄두도 낼 수 없기 때문에 그들은 무료급식소 신세를 질 수밖에 없으며, 그들의 자녀들도 장차 그렇게 될 가능성이 크다. 이는 그들이 가장 우려하는 일이기도 하다.

데이턴 시는 훗날 헤로인의 집산지로 변했다. 70번과 75번 주간 고속도로가 교차하는 교통의 요지이기 때문에 마약 밀매 조직은 마약을 데이턴 시에 운반한 후 주간 고속도로를 통해 북으로는 캐나다, 남으로는 플로리다 주, 동으로는 볼티모어, 서쪽의 콜로라도 주에 마약을 공급한다.

2008년 말 데이턴 근교의 GM 자동차 공장이 문을 닫았고 이듬해에는 NCR이 다른 곳으로 이전했다. GM 자동차가 이전한 후 비어 있던 공장은 결국 중국 푸저우福州의 푸야오福耀 사에 매각되었다. 중국의 자동차 부품 제조기업인 푸야오 사는 미국에 진출해 GM 자동차의 공장을 개조하고 자동차 유리를 제조하여 미국에 공급했다. 현지 신문은 종일 푸야오 사에 관한 부정적인 뉴스를 내보냈다. 작업 안전수칙을 지키지 않고 임금이 지나치게 낮다는 식의 보도였다. 이에 대해 푸야오 사는 "시급 15달러를 주고 있으며, 이는 인도나 멕시코보다 높은 수준"이라고 항변했다.

과거 GM 자동차에서 시급 35달러를 받던 데이턴 시민들은 이제 중국 기업으로부터 시급 15달러를 받으며 일주일에 두 번 자선단체에서 음식을 받아가야 자녀들이 굶주림을 면할 수 있다. 이것이 민주당 텃밭이던 미국의 내륙 지대가 공화당과 트럼프를 지지하게 된 이유다. 트럼프 본인은 이 사실을 잘 알고 있으며, 자신이 어떻게 해서 대통령에 당선되었는지를 잘 알고 있었다.

## 빈부격차의 확대

미국 중산층에게 데이턴 시는 특별한 사례가 아니다. 데이턴 시의 일은 미국의 대부분 지역에서 발생하고 있으며, 심지어 서구 세계의 중산층 가정에서도 발생하고 있다.《21세기 자본》을 출간해 큰 반향을 일으킨 프랑스의 경제학자 토마 피케티Thomas Piketty의 연구에 따르면, 서구의 대다수 시장경제국가에서 가장 부유한 1퍼센트의 인구가 보유한 소득이 총소득에서 차지하는 비율은 제2차 세계대전 이전에 약 15~25퍼센트였다가 전쟁이 끝난 후 1950년부터 1980년까지 5~15퍼센트까지 하락했다고 한다(Piketty, 2014).

그러나 영국의 처칠 수상과 미국의 레이건 대통령이 자유시장을 중시하는 신자유주의Neoliberalism를 표방한 후 상황은 역전되어 빈부격차가 확대되었다. 상위 1퍼센트 부유층의 소득 비율이 점점 상승하여 2010년에는 많은 국가에서 이미 1920년대의 높은 수준으로 돌아갔다.

미국 버클리 캘리포니아대학교 이매뉴얼 사에즈Emmanuel Saez 교수와 가브리엘 주크만Gabriel Zucman 교수가 2014년에 발표한 미국 부의 분배 연구에서도 유사한 결과가 나왔다(Saez and Zucman, 2014). 상위 0.1퍼센트 최고 부유층 가구가 전체 가구소득에서 차지하는 비중이 1929년 대공황 직전에는 25퍼센트였으며, 중산층을 대표하는 부유하지 않은 90퍼센트의 가정이 차지하는 소득 비율은 약 16퍼센트였다. 대공황부터 제2차 세계대전 이후까지 전자의 비율은 하락하고 후자의 비율은 상승했으나 1980년 전후에는 평균 수준에 도달했다. 데이턴 시가 겪은 것처럼 2차대전 이후부터 1980년 무렵은 황금의 시기로, '아메리칸 드림'을 실현할 수 있는 시대였다. 그러나 1980년부터 2012년까지 상황은 역전되어서 분배 불균형은 대공황 직전 수준으로 회귀했다. 미국 중산층 가정은 더 참지 못하고 반세계화, 반이민, 수입 반대를 지지하기 시작했다(Stiglitz, 2017). 그들은 유권자의 권리인 투표권을 행사하여 반세계화의 대표적 인물인 트럼프를 대통령으로 선출했다.

# 무역전쟁의 시작

## 트럼프의 선전포고

트럼프는 2017년 1월 20일 미국 대통령에 취임했다. 그는 취임 후 약 40일 만에 미국 무역법 규정에 따라 '대통령 무역정책교서'를 연례행사로 발표했다. 이 문건은 원래 수석 무역협상대표가 발표하기로 되어 있었는데, 당시 임명안이 아직 상원을 통과하지 않았기 때문에 백악관 측이 직접 원고를 작성하여 발표했다. 발표 후 베이징 지도부는 이 내용을 자세히 읽어보았을 것이다. 대만에서는 일부 신문에 보도되었으나 토막 뉴스에 그쳤으며, 신문의 경제 섹션에서도 앞부분만 짧게 번역되었을 뿐 전체 내용이 번역되지는 않았다.

정식 교서에서 아주 명백한 어휘로 다른 나라를 질타한 대통령은 트럼프가 처음이었다. 그는 백악관에 입성하면서 미국을 변화시키기로 결심했기 때문에 교서에서 밝힌 내용과 경선 당시의 발언은 30년 전 그의 주장과 완벽하게 일치했다. 교서의 내용은 다음과 같이 요약된다.

### 트럼프 정부 무역정책의 주요 원칙과 목표

2016년 양대 주요 정당의 유권자들은 모두 미국의 무역정책 방향을 근본적으로 바꿀 것을 요구했다. 미국 사람들이 이제까지의 무역정책에 실망한 것은 자유무역과 시장개방 이념을 저버려서가 아니라 국제무역협정의 효과를 볼 수 없었기 때문이다. 트럼프 대통령은 새로운 방법으로 실제 행동함으로써 약속을 실천할 것이다.

미국 무역정책의 전반적 목표, 즉 이 핵심적 행동의 원칙은 모든 미국 국민에 대해 더 자유롭고 공정한 방식으로 무역을 확대하는 것이다. 트럼프 정부가 앞으로 취할 행동은 미국의 경제 성장 촉진, 국내 취업 창출, 무역 파트너와 호혜관계 구축, 제조업 기초 및 자위능력 강화, 그리고 농산물과 서비스업 수출 확대를 지향하는 것이다. 트럼프 정부는 이러한 무역정책 목표를 다자간이 아닌 양자간 협상을 통해 달성할 것이며, 목표를 달성하지 못하면 재협상을 하여 기존 협정을 수정할 것이다. 끝으로 트럼프 정부는 유지 가설 속의 지정학적 우위가 있다는 이유로 미국의 노동자, 농민, 농장주, 기업에 불리한 불공정 무역행위가 도외시되는 것을 거부할 것이다.

## 새롭거나 더 훌륭한 무역협정의 체결

1980년대부터 미국은 북미자유무역협정, 세계무역기구를 설립하는 우루과이라운드ᴜʀ 협상, 중국의 세계무역기구 가입 관련 협정을 포함한 각종 무역협정을 잇달아 체결했다. 이러한 협의들은 하나의 글로벌 틀을 구축하여 미국의 무역과 투자를 관리했다. 미국 사람들은 이러한 틀이 장차 미국 노동자와 기업에 더 강력한 경제 성장과 더 많은 발전 기회를 가져올 것이라고 믿었다. 물론 이 시스템이 일부 미국 노동자, 농민, 농장주, 서비스 업자와 기타 기업에 실질적 이익을 준 것은 사실이다. 특히 수출의 기회가 늘어났다.

그러나 불행히도 2000년(중국이 세계무역기구에 가입하기 직전 해) 이후의 상황을 돌아보면 미국 GDP 성장과 고용 성장이 둔화되고 제조업 취업자 수가 크게 감소한 것을 알 수 있다. 이런 현상들을 초래한 원인에는 여러 가지 요소가 있다. 그중에서도 특히 2008~2009년의 금융위기와 생산 자동화가 결정적인 요소였다. 그러나 무역수치 자체는 충격적이었다. 세계화는 미국에 기대한 이익을 안겨주지 않았을 뿐 아니라 오히려 역현상을 초래했다.

- 미국 상품의 무역적자는 2000년 3,170억 달러에서 2017년 6,480억 달러로 늘어나 100퍼센트 증가했다.

- 상품 및 서비스 교역에서 미국의 대중 무역적자 총액은 2000년의 819억 달러에서 2015년의 3,340억 달러로 늘어나 증가폭이 300퍼센트를 넘었다.

- 무역적자의 증가로 미국 소비자가 중국산 제품을 싸게 살 수 있으니 가계에 도움이 될 수도 있지만 일반 미국 가정들은 이를 느낄 수 없었다. 2000년 미국의 실질가구소득(2015년 달러로 계산) 중위수(통계집단의 변량을 크기의 순서로 늘어 놓았을 때, 중앙에 위치하는 값-옮긴이)는 57,590달러였는데, 2015년(가장 최근 1년의 데이터)에는 56,516달러였다. 사실상 금융위기 이후 경제가 이미 회복했는데도 현재 미국의 실질가구소득 중위수는 여전히 16년 전보다 낮은 수준이다.

- 미국의 제조업 일자리는 2000년 1월 17,284,000개로 1980년대 초반과 대체로 일치했다. 그러나 2017년 1월 미국의 제조업 일자리는 12,341,000개로 약 500만 개의 일자리가 줄어들었다.

- 중국이 WTO에 가입하기 전 16년간(1984~2000년), 미국의 공업생산은 약 71퍼센트 성장했다. 2000년부터 2016년까지 미국 공업생산 성장률은 9퍼센트를 밑돌았다.

이 결과들은 우리에게 경각심을 불러일으키는 것으로, 미국이 직면한 각종 도전들은 무역전쟁의 범위를 넘어선 것이다. 트럼프 정부는 가능한 모든 조치를 취해 더욱 활기차고 경쟁력 있는 경제를 만들 것이다. 트럼프 정부는 국회와 협력하여 감세, 규제 축소, 인프라 건설 자금 조달 정책을 시행하며 다른 조치들을 통해 미국의 경제 성장을 격려할 계획이다. 이와 동시에 위의 수치는 현재의 글로벌 무역체계가 중국에 이익을 가져온 반면, 21세기 들어 미국에는 이익을 가져오지 않았음을 보여준다.

다른 중요한 무역협정들도 다시 검토해야 한다. 미국과 북미자유무역협정 무역 파트너들 사이에는 계속 무역적자가 출현하고 있다. 가령 2016년 미국과 캐나다, 맥시코 간의 무역적자를 합하면 740억 달러가 넘었다. 2008년에 버락 오바마와 힐러리 클린턴(당시 두 사람 모두 민주당 상원의원이었다.-옮긴이)은 미국이 북미자유무역협정을 재협상해야 한다고 주장하면서, 재협상에 실패하면 이 협정에서 탈퇴할 것이라고 했다.

오바마 정부가 체결한 최대의 무역협정은 한국과의 자유무역협정이다. 그러나 이때부터 미국은 한국에 대한 무역적자가 급격히 증가했다. 한미 FTA가 발효하기 전인 2011년부터 2016년까지 미국 제품의 대한국 수출은 12억 달러가 하락했으며, 이와 동시에 미국이 한국으로부터 수입한 규모는 130억 달러 이상 증가했다. 결과적으로 미국은 한국과의 무역적자가 배 이상 증가했다. 이 결과가 미국 국민들이 해당 협정에 대해 기대한 것이 아님은 의심할 여지가 없다.

미국이 무역협정을 처리하는 방식을 재검토할 때가 온 것이다. 수십 년 동안 미국은 잇달아 중요한 무역협정을 체결했지만 앞에서도 언급했듯이 그 결과는 기대에 못 미쳤다. 트럼프 정부는 자유롭고 공정한 무역을 신봉하며 우리와 이념이 같은 파트너들과의 관계가 심화되기를 기대한다. 그러나 미래를 전망하자면 양자간 협상을 위주로 협정을 추진할 것이며, 미국의 무역 파트너들에게 높은 기준의 공정행위를 요구할 것이다. 불공정 행위를 계속하는 무역 파트너에 대해서는 각종 가능한 법률을 채택하여 이에 적극적으로 대응할 것이다.[2]

이 교서는 중국에 대한 '격문'과 같으며 선전포고와 다름없다. 사실 새삼스러운 일도 아니다. 트럼프는 30년 전에 같은 상황을 언급했으며, 이제 대통령이 된 그는 누가 자신에게 투표했는지를 알고 경선 공약을 실천하려는 것이다.

17일 후(2017년 3월 18일), 당시 국무장관 렉스 틸러슨Rex Wayne Tillerson이 베이징을 방문했고, 양측은 유쾌하게 담소를 나눴다. 한 일본 경제학자가 한달 전 대만에서 연설할 때 중국 관리의 말을 빌려, 중국이 당시 미국과 글로벌 리더 자리를 놓고 경쟁할 의사가 없다고 발언했으며 오히려 반대로 중국은 미국과 파트너십을 발전하기를 희망한다고 했다.

그로부터 20일 후(2017년 4월 7일), 시진핑習近平 주석이 미국을 방문하여 두 정상은 유쾌하게 대화를 나눴다. 2017년 11월 9일에는 트럼프가 중국을 방문해서 이렇게 말했다. 그는 "지난 여러 해 동안 미중무역은 우리에게 공정한 교역은 결코 아니었다"면서, "그러나 나는 중국을 탓하지 않겠다. 한 나라가 자국민의 이익을 위해 다른 나라로부터 이득을 취하는 것을 누가 비난할 수 있겠는가? 나는 중국에 큰 찬사를 보낸다."라고 덧붙였다.

트럼프는 시진핑 중국 국가주석에 대해 찬사를 표했으며, 전임 대통령이 미중 양국간에 벌어진 '거액의 무역역조'를 다음과 같이 비난했다.

"사실상 나는 이렇게 통제할 수 없는 무역적자가 발생하고 늘어나는 것을 허용한 과거의 미국 정부를 비난한다. 우리는 이 문제를 반드시 해결해야 한다. 무역적자 상태를 지속할 수는 없기 때문이다."

이 세 차례의 방문, 즉 렉스 틸러슨의 베이징 방문, 시진핑의 미국 방문, 트럼프의 중국 방문이 30년 전부터 시작된 한 개인의 생각을 바꿀 수 있을까? 데이턴 시민들의 생활을 바꿀 수 있을까? 정치판도를 바꿀 수 있을까? 물론 불가능하다. 2017년에 트럼프가 중국과 우호관계를 유지한 것은 그때가 변화를 기다리는 시기였기 때문이다.

중국에 대한 미국의 태도가 돌변하기 시작한 것은 트럼프 대통령과 북한 지도자 김정은의 회담 때였다. 2018년 6월 12일 미국과 북한은 싱가포르에서 정상회담을 개최했다. 북한 측이 비핵화를 선언하지 않았음에도 트럼프는 군사훈련을 하지 않을 것을 선언했다. 이는 미국이 북한을 대화의 상대로 인정하며, 언젠가 동맹으로 변할 수도 있다는 표시였다.

# 관세 폭탄

## 무역전쟁의 발발

트럼프와 김정은의 북미정상회담이 있은 지 4일 후(2018년 6월 16일) 무역전쟁이 시작되었다. 미국무역대표부는 중국 제품에 대한 관세부과 리스트를 발표했다. 이 리스트에는 같은 해 4월 발표된 제1차 추가관세 리스트에 오른 중국 제품 1,333개 품목 중 340억 달러 규모의 818개 품목이 포함되었으며, 7월 6일부터 추가관세가 발효된다고 했다. 2차 제재로 새롭게 제시한 수입가 약 160억 달러 규모의 284개 품목에 대한 관세부과 의견수렴 절차를 시작했다. 후자의 제품들 중 다수는 중국 정부가 제정한 '중국 제조 2025', 계획에 유리하다고 인정한 종목들이다.

이에 앞서 트럼프는 무역전쟁을 위한 포석을 깔기 시작했다. 그는 2018년 3월 22일 양해각서를 체결하고 1974년 무역법 제301조에 의거하여 미국 무역대표에게 중국산 제품에 대한 관세부과를 지시함으로써 '중국이 미국의 지적재산권을 침해하고 영업기밀을 절도한 것에 대한 징벌'로 삼았다. 또 다른 외교 안건으로는 제재조항의 위반을 들어 미국 상무부가 2018년 4월 미국 기업이 7년 내에 중국의 중싱 회사에 자동차 부품을 판매하는 것을 금지했다(2018년 7월에 금지령 해제).

미중 양국은 2018년 5월 무역전쟁을 잠정 중단하기로 합의했다. 같은 해 5월 17일부터 18일까지 시진핑 주석의 특사, 국무원 부총리 류허劉鶴가 이끄는 중국 대표단과 미국 재무장관 스티븐 므누신Steven Mnuchin[3], 상무장관 윌버 로스Wilbur Ross[4], 무역대표 로버트 라이트하이저Robert Lighthizer[5] 등으로 구성된 미국 대표단은 무역 문제에 대한 협상을 진행했다.[6]

당시의 합의 내용은 다음과 같다. 중국이 미국 농산물과 에너지의 수입 확대에 동의하고 미국은 중국에 대표단을 파견해 구체적인 사항을 논의한다, 양국은 제조업 제품과 서비스의 무역 확대를 논의하여 해당 분야의 무역에 유리한 환경을 조성한다, 양국은 지적재산권 보호를 고도로 중시하고 협력을 강화한다, 중국은 특허법을 포함한 관련 법규의 수정 작업을 추진한다, 양국은 양방향 투자를 장려하고 공정한 경쟁의 비즈니스 환경 조성을 위해 노력한다 등……. 하지만 무역전쟁을 중단한다는 이 합의는 북미회담 이후 수포로 돌아가 버렸다.

2018년 8월 8일 미국 무역대표부는 제2차 제재 내용을 발표했다. 미국이 160억 달러 규모의 중국산 수입제품에 25퍼센트의 관세를 추가로 부과하기로 확정했으며, 같은 해 8월 23일부터 시행한다는 내용이었다.

2018년 9월 18일 3차 제재가 발표되었다. 트럼프 미국 대통령이 2,000억 달러 규모의 중국산 수입제품에 대한 관세를 10퍼센트 추가 부과하며, 9월 24일부터 시행한다고 선언했다.

또한 이듬해인 2019년 1월 1일에는 관세를 25퍼센트로 인상하기로 했다. 트럼프 미국 대통령은 당일 늦은 시간에 발표한 성명에서 "중국이 우리 농민이나 기타 업종에 대한 보복행동을 취한다면, 우리는 2,670억 달러 규모의 중국산 수입제품에 즉각 추가관세를 부과할 준비를 하고 있다"고 밝히며, "우리는 이미 변화의 필요성을 매우 분명하게 설명했다. 우리는 중국이 더 공정하게 우리를 대할 수 있는 모든 기회를 줬다. 그러나 현재까지 중국은 자신들의 생각을 바꿀 생각이 없다."라고 피력했다.

2018년 9월 20일, 미국이 중국 군부 인사에 대한 제재를 단행했다. 미국 국무원은 중국이 "미국의 적국에 대한 제재법 Countering America's Adversaries Through Sanctions Act(제재를 통해 미국의 경쟁자에 타격을 가하는 법-옮긴이)'을 위반하고 러시아로부터 Su-35 전투기와 S-400 지대공 미사일 등 군사장비를 구매했다는 이유로 중국의 무기 구매 및 개발을 담당하는 중국 중앙군사위원회 장비발전부와 그 책임자인 리상푸李尚福 장비발전부장을 제재 대상에 지정했다. 중국 중앙군사위원회 장비발전부에 대해서는 앞으로 미국의 금융기관을 통한 모든 거래를 금지하고 미국 기업에는 중국 중앙군사위원회 장비발전부와 모든 상업 거래 금지령을 내렸으며, 리상푸 부장에 대해서도 미국 비자 발급을 금지했다. 같은 날, 중국 외교부는 이 조치에 대해 강한 분노를 표시하고 엄정한 외교적 협의를 통해 미국이 즉각 제재를 철회하라고 촉구하며, "그렇지 않으면 이로 인해 발생하는 결과는 미국 측이 책임져야 할 것"이라고 경고했다.

이에 미국 부통령 마이크 펜스Mike Pence는 공개 연설에서 중국을 강력히 비난했다. 미국의 중간선거를 한 달 앞두고(2018년 10월 6일) 그는 다음과 같이 5가지 문제를 거론했다.

첫째, 남중국해에서 중국 해군 구축함과 미국 군함 사이가 겨우 41미터로 충돌 직전까지 갔던 점을 포함한, 남중국해에서 벌어지는 중국의 빈번한 공격이다.

둘째, 미국 기업의 지적재산권을 도용했다.

셋째, 대만이 주권국가가 아니라며 각국을 설득했으며, 최근에는 라틴아메리카를 대상으로 하고 있다.

넷째, 기독교, 불교 및 이슬람교를 포함한 종교단체를 박해했다.

다섯째, '사회신용시스템'을 구축하여 국가에 충성하는 국민에게 상을 주고 말을 듣지 않는 사람들에게 처벌을 가했다.[7]

2018년 11월 6일 미국은 중간선거를 실시했다. 민주당이 하원 의석 과반수를 차지했으며, 상원은 여전히 공화당이 장악한 가운데 민주당이 7개 주의 주지사 자리를 되찾았다. 그러나 무역정책은 이런 선거 결과로 인해 바뀌지 않을 것이다. 민주당도 반중, 반자유무역협정 노선을 내세웠기 때문이다. 2016년 힐러리 클린턴을 지명한 민주당 전국대표대회 현장에서 가장 눈에 많이 띄는 표어는 'TPP<sub>Trans-Pacific Partnership</sub>(환태평양경제동반자협정) 반대'였으며, 이는 트럼프의 노선과 같다. 따라서 중간선거가 민주당과 공화당 중 어느 당이 승리해도 반세계화라는 노선은 일치한다.

# 무역협상의 변수

## 험난한 협상 과정

2018년 11월 말, 트럼프와 시진핑은 아르헨티나에서 개최된 G20 정상회담에서 양자협상을 진행했다. 그 결과 양국은 협상을 재개하기로 했다. 협상 결과를 기다리기 위해 미국은 3차 무역제재 시행을 3개월간 유예했다. 이 소식이 전해지자 미국 증시는 급등 랠리를 펼쳤다.

그러나 며칠 지나지 않아 트럼프는 트위터를 통해 "내가 관세맨Tariff Man임을 기억하라. 어떤 국가나 개인을 막론하고 미국에서 우리의 부를 앗아간다면 나는 그들에게 대가를 치르게 할 것이다. 우리는 현재 관세로 이미 거액의 부를 벌어들이고 있으며 미국은 부유해질 것이다!"라며 중국을 압박했다. 이 소식에 미국과 아시아 증시는 동반 폭락세로 돌아섰다. 양국이 포화가 멎은 90일 내에 협상을 타결하기에는 매우 큰 변수가 있음을 알 수 있다.

## 비관론

협상 타결을 비관적으로 보는 사람들은 다음과 같은 근거를 내세웠다.

첫째, 미중 무역충돌은 장기적인 구조적 요인이 있어서 단기적으로는 해결할 수 없다.

둘째, 현재 협상단 중에는 대외 강경론자인 매파가 다수를 차지하고 있다. 특히 주요 대표가 매파 소속이다.

셋째, 최근의 경제 변화로 볼 때, 협상의 파국은 중국 경제에 부정적 영향을 크게 미칠 것이며, 이 점은 미국의 의도에 맞아떨어진다.

넷째, 최근 뉴스에 등장하는 일련의 사건들, 멍완저우 사건[8]과 중국 통신장비의 미국 판매 봉쇄[9] 등은 협상 타결에 불리하다.

## 낙관론

협상 타결을 낙관적으로 보는 사람들도 다음과 같은 근거를 내세웠다.

첫째, 미국 증시는 무역전쟁 리스크로 주가가 폭락하고 변동성이 발생했다. 중간선거 이후 미국 증시의 다우존스공업지수는 이미 고점 26,191포인트에서 2018년 말의 23,062포인트로 하락하여 하락폭이 3,000포인트를 상회했으며 변동폭이 매우 크다. 대체로 무역전쟁 완화 소식이 들릴 때마다 증시는 상승했으며, 그 반대일 때는 하락했다. 증시는 경제의 창과 같아서 무역전쟁이 전면적으로 전개될 경우, 미국 경제는 증시 폭락이 거듭되면서 또 한 차례의 경기 쇠퇴기로 접어들 것이다. 2019년부터 대선 연임을 위한 준비를 시작할 트럼프에게 이는 결코 감수하고 싶지 않은 위험일 것이다.

둘째, 최근 미국은 2018년 12월 '제조업 구매관리자지수PMI, Purchasing Managers' Index [10]'를 발표했는데, 11월의 59.3에서 54.1로 크게 하락했다. 이는 2016년 11월의 53.4 이래 최저 기록으로, 경제학자들이 예측했던 57.9를 훨씬 밑도는 수치다. 이 지수는 경기의 선행지표로, 최근 데이터는 미국 제조업이 하락세로 돌아설 수 있음을 나타낸다. 이로써 2016년 1분기 이래 유지된 상승추세를 바꿔놓을 것이다. 이는 물론 무역전쟁과 관련이 있으며, 앞에서도 지적했듯이 무역전쟁이 재발하면 경기가 전면적으로 하락할 위험이 있음을 보여준다.

셋째, 미국 경기를 하향세로 반전시킬 또 하나의 요소는 부동산이다. 최근 미국 부동산 지수에 따르면 여러 해 동안 초저금리 환경에서 미국 부동산 가격은 이미 2008년 서브프라임 위기 발생 전의 부동산 고점(2006년에서 2007년 사이)으로 돌아갔다. 샌프란시스코를 비롯한 일부 도시는 이미 고점을 넘어섰다. 현재 미국 연방 준비은행FRB(중앙은행)은 금리인상 순환을 시작하여 양적완화로 풀린 신용을 회수하기 시작했다. 이로 인해 부동산 가격이 고점에 이르면서 제2차 거품이 형성되어 경제가 후퇴할 위험성이 있다.

넷째, 2019년이 되자마자 미국 애플은 2018년 10~12월의 영업수입금액을 840억 달러로 예측했는데, 이는 1년 전 같은 기간에 비해 5퍼센트나 감소한 수치로, 11월에 발표하여 당시 투자자들을 실망시켰던 예측치 890억 달러보다 훨씬 참담한 것이었다. 이는 애플 측이 15년 여 만에 처음으로 영업수입 예측을 낮게 잡은 수치였다. 하락 소식이 전해지자 애플의 미국 증시 마감 후 시간외거래 가격은 7퍼센트 폭락했으며, 시장가치가 순식간에 550억 달러나 증발했다. 2018년 11월 이후 애플의 주가는 누적 하락률이 이미 28퍼센트에 달했다. 뉴스에는 다음과 같은 내용이 보도되었다. "매년 말 소비 성수기는 애플의 매출이 가장 왕성한 시즌이다. 그러나 CEO가 주주들에게 보낸 공개서한에서 중화권 시장(중국, 홍콩, 대만 포함)의 경제 부진이 참담한 실적을 초래한 주요 원인이라고 밝혔다.[11]" 애플은 미국에서 네 번째로 큰 기업이며 미국 증시의 '쇼윈도' 중 하나이기도 하다. 중국의 경기 침체로 애플의 영업실적이 크게 감소하여 증시가 타격을 받은 것은 '양날의 칼'의 리얼리티 쇼가 되어 버렸기 때문이다. 트럼프가 일으킨 무역전쟁은 상대는 물론 자신까지 해쳤다. 트럼프는 이 점을 마땅히 주시해야 한다.

다섯째, G20 정상회담이 끝난 후 중국은 미국산 대두 구매를 재개할 것이며, 미국에게 중국산 자동차의 수입 관세를 정상 수준으로 낮출 것을 일방적으로 발표했다. 미국에서 대두를 주로 생산하는 주는 2016년 트럼프의 당선을 지지했던 주와 크게 일치한다(그림 4 참조). 따라서 이는 매우 고무적인 신호였다.

여섯째, 미국의 주류 매체에서는 무역전쟁이 자국 기업에 피해를 끼친다는 목소리가 벌써 나오고 있다. 미국 공영방송 NBC National Broadcasting Corp.가 2018년 말 전국 네트워크 뉴스 프로그램에서 마이크 펜스 부통령의 고향 인디아나 주 콜럼버스 시 Columbus에 있는 디젤엔진 제조사 커민스Cummins를 방문했다. 이 회사는 직원이 만 명에 육박하며 제품의 60퍼센트를 수출한다.

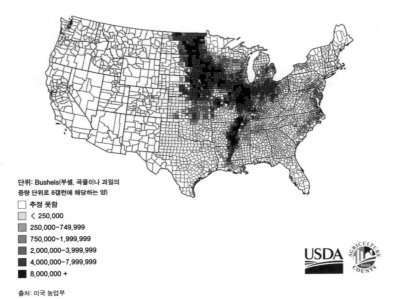

그림 4 미국 대두 주요 생산지역(2017년)

단위: Bushels(부셸, 곡물이나 과일의
중량 단위로 8갤런에 해당하는 양)

☐ 추정 못함
☐ < 250,000
☐ 250,000~749,999
☐ 750,000~1,999,999
■ 2,000,000~3,999,999
■ 4,000,000~7,999,999
■ 8,000,000 +

USDA

출처: 미국 농업부

그러나 원가의 40퍼센트는 중국에서 수입한 케이싱Casing 주물
이 차지한다. 관세제재로 인해 이 회사는 2019년에 2,000만 달
러의 적자를 예상하고 있다. 케이블 뉴스 네트워크 CNN은 중
국이 중요한 시장인 미국 보잉 사를 탐방했는데, 이 회사도 미
중협상의 타결을 희망하고 있었다고 보도했다.

　일곱째, 중국은 원래 트럼프 당선에 긍정적인 태도를 보이고
있었다. 중국의 고위관료와 중산층 중에는 자녀를 미국으로 유
학 보내고 미국에 부동산을 구입한 사람들이 많다. 중국 공산

당 지도자도 트럼프에게 우호적인 태도를 자주 비쳤다. 이런 상황에서 협상이 파국으로 치닫고 무역제재가 확대된다면 중국 경제와 신뢰감, 정치에 상당히 큰 영향을 미칠 것이다. 이러한 변수를 억제하기 위해 중국 당국은 협상을 타결하기 위해 많은 준비를 할 것이다.

무역전쟁의 전망에 대해 3가지 가능성을 예상할 수 있다.

첫째, 협상이 결렬되고 무역전쟁은 더욱 심화된다.

둘째, 협상이 성공하여 무역전쟁이 당분간 완화된다.

셋째, 협상이 부분적으로 타결되고 부분적으로 제재가 해제되며 나머지 사항에 대한 협상을 계속할 것이다. 또는 예상대로 협의에 도달하지 못하더라도 양국은 무역전쟁의 휴전기간을 재차 연장할 것이다.

그중 어떤 상황으로 발전할지 귀추가 주목된다. 그러나 양국의 경쟁이 공포, 정치와 심리에 영향을 미치기 때문에(PART 2 참조) 이러한 전략적 대치는 단기간에 전면적 해결이 어렵다는 점을 지적하고 싶다. 설령 이번에 협상이 타결되더라도 세계 각국은 향후 미중의 지속적인 대치와 상호비난, 국면 경색에 대비한 심리적 준비를 갖춰야 한다.

"나는 전쟁의 진정한 기원이 아테네의 부상으로 두려움을 느낀
스파르타가 전쟁을 일으킨 데서 비롯되었다고 믿는다."
- 고대 그리스의 역사가, 투키디데스(기원전 431년) -

# PART 2

# 전쟁의 근원

# 투키디데스의 함정

## 전쟁은 공포에서 비롯된다

미국의 전임 국방 장관 제임스 매티스James N. Mattis[1]는 2017년 상원에서 열린 임명 청문회에서 미국과 중국의 미래가 충돌 추세로 갈 것인가 하는 질문을 받았다. 그는 국가와 국가 간 적대적 추세의 원인으로 '공포, 명예, 이익fear, honor and interest'이라는 세 가지 요소를 인용하여 대답했다. 제임스 매티스는 미중관계를 비적대적 방식으로 처리해야 한다고 주장했다. 그가 예로 든 세 가지 요소는 고대 그리스 역사학자 투키디데스Thucydides[2]가 자신의 저서《펠로폰네소스 전쟁Peloponnesian War》[3]에서 언급한 것이다. 스파르타Sparta[4]와 아테네Athens 사이에서 벌어진 펠로폰네소스 전쟁에서 양측은 전력이 크게 손실되었다. 아테네 문명은 이때부터 쇠퇴의 길을 걸으며, 아테네가 이끌던 델로스 동맹Delian League[5]도 해산하게 된다. 얼마 후 스파르타도 그 뒤를 이어 멸망했다.[6] 《펠로폰네소스 전쟁》은 당시 스파르타와 아테네가 결정적 전쟁을 일으킨 배경을 주제로 다루었다. 근세의 학자들은 이 책에서 묘사한 전쟁 발발의 기원을 국가와 국가 간 '투키디데스의 함정The Thucydides Trap'이라고 명명했다.[7]

전쟁 발발의 세 가지 원인 중 가장 중요한 것은 '공포'다. 사실상 제임스 매티스가 언급한 세 요소는 스파르타 공민대회The Appela[8]에서 참관인 자격으로 발언한 아테네가 부상하게 된 원동력을 투키디데스가 인용한 것이며, 투키디데스 자신이 관찰한 전쟁의 기원은 아니다. 《펠로폰네소스 전쟁》 제1장 23절에 이런 말이 나온다.

"진정한 기원은 아테네의 부상으로 두려움을 느낀 스파르타가 전쟁을 일으킨 데서 비롯되었다고 믿는다.[9]" 따라서 저자는 이 전쟁의 기원을 단 하나로 설명했다. 즉 한쪽의 세력이 강해지면 상대방의 공포를 초래한다는 것이다.

아테네의 세력이 커지자 스파르타가 두려움을 느끼게 되었다는 표현은 스파르타 공민대회에 아테네의 죄상을 밝히러 온 코린트Corinth[10] 대표의 발언에서 볼 수 있다.

"과거 우리는 아테네로 인해 화근을 입을 것이라고 여러 차례 말했다. 그러나 여러분들은 관심을 갖지 않았으며 오히려 우리의 동기를 의심했다. (······) 우리의 책임은 여러분들 앞에 그 실체를 보여주고 여러분들이 모르고 있던 사실을 알리는 것이다. (······) 아테네는 일부 국가의 자유를 앗아갔으며, 다른 나라들, 특히 우리 동맹국의 자유를 앗아갈 계획을 하고 있다. 따라서 그들은 이미 장기간에 걸친 준비를 마치고 전쟁의 발발에 대비하고 있다. 그게 아니라면 왜 우리 손에서 케르키라Cercyra의 통치권을 빼앗으려고 하며, 왜 포티다이어Potidaea를 침공하려고 하겠는가? 포티다이어는 트라키아Thracia[11] 지역의 가장 강력한 군사 근거지이며, 케르키라는 원래 펠로폰네소스 동맹에서 이용하는 매우 큰 함대가 있는 곳이다. 이 장소는 모두 여러분들이 책임져야 하는 곳이다. 페르시아 전쟁 이후 먼저 아테네가 자신들의 도시에 방어 시설을 설치하도록 허용했고, 이어서 그들이 긴 장벽을 치는 것[12]을 허용한 것도 모두 여러분들이다."

"우리는 아테네의 수법을 알고 있으며, 어떻게 그들의 이

웃들을 조금씩 침략하는지 알고 있다. 이제 그들은 천천히 진행하는 중이다. 그들은 여러분들이 형세에 둔감하다는 것을 이용해 발각되지 않게 은밀히 진행하고 있다. 우리가 그들의 행위를 발견한 것을 안다면, 당장 그들을 제지하지 않는다면, 그들은 전력을 다해 침략해 올 것이다. 그리스 전체에서 스파르타 여러분만이 사태의 추이를 조용히 지켜보고 있다. 여러분들이 초기 단계에서 적절한 조치를 취해 적의 세력 확장을 막지 않는다면 적의 세력은 배로 증가할 것이다."

"여러분들은 장차 여러분들과 전쟁하게 될 아테네 사람들이 어떤 사람들인지 생각해보지 않았다. 그들과 여러분들은 너무나 다르며, 실제로 완전히 다르다! 아테네 사람들은 혁신자이며, 그들은 민첩하게 결정하고 그 결정을 실현하는 데 민첩하다. 여러분들은 보수적이어서 모든 일을 처리할 때 현재 상태를 고수하려고 한다. (……) 아테네 사람들의 용감함은 그들의 인적, 물적 능력을 넘어서며, 선량한 판단에 반하는 모험을 한다. 그들은 위험 앞에서 자신들의 신념을 지킬 수 있다. 반면 여러분들은 전력을 다하지 않으며, 자신들의 판단을 믿지 않는다. (……) 위험한 상황을 피할 방법이 없다고 생각한다. (……) 그들은 과감한

데 여러분들은 망설이고 있다. 그들의 눈길은 나라 밖을 향하는데 여러분들은 나라 안에만 머물고 있다. 그들은 고향에서 멀리 떠날수록 소득을 더 많이 얻을 수 있다고 생각하는데 여러분들은 터전을 벗어나면 기존의 재산을 잃을 위험이 있다고 생각하기 때문이다."

"이는 여러분들이 사는 도시 국가의 특성과 반대되는 것이다. (……) 그러나 여러분들은 머뭇거리며 결정을 내리지 못한다. 여러분들이 머뭇거리는 바람에 이미 많은 재앙을 초래했다. 부디 그렇게 하지 않기를 바란다. 여러분들은 조약의 규정에 따라 동맹국, 특히 포티다이어와 곧 침공을 당할 처지에 놓인 아티카Attica(아테네가 위치한 반도)를 지원해야 한다. 여러분들의 친구와 동족이 원수의 손아귀에 들어가게 해서는 안 된다. 우리 중 남은 사람들이 실망하여 어쩔 수 없이 다른 동맹자를 찾아 나서게 하지 말아야 한다. 여러분들은 우리가 하려는 말을 모두 들었을 것이다. 우리의 결의를 잘 고려해보기 바란다. 여러분들은 조상들로부터 펠로폰네소스의 주도권을 이어받았다. 그 위대함을 보전하기 바란다."

코린트 대표의 발언이 끝나자, 회의 진행자는 정식 대표에

출처: https://commons.wikimedia.org/wiki/File:Representatives_of_Athens_and_Corinth_at_the_Court_of_Archidamas,_King_of_Sparta,_from_the_History_of_ the_Peloponnesian_War_by_ucydides_MET_DP849315.jpg

속하지는 않으나 업무차 도시에 와 있던 아테네 사람이 발언하는 데 동의했다. 그의 발언은 스파르타에게 개전 여부를 신중히 고려해야 하며, 경솔하게 결정해서는 안 된다는 내용이었다. 그는 아테네가 페르시아를 격퇴하여 세력이 강대해진 사실을 포함하여 아테네의 빛나는 전쟁 역사에 대해 설명했다. 그리고 이런 실력이 있었기에 애초에 스파르타와 아테네가 평화조약[13]을 맺을 수 있었으며, 어렵게 얻은 평화를 경솔한 말로 파괴할 수는 없다고 주장했다.

코린트 대표와 아테네 대표가 참관인 자격으로 발언하고 대회장을 떠난 후, 공민대회에서는 정식 변론이 시작되었다. 먼저 국왕 아르키다무스 2세Archidamus II(기원전 469~427년 스파르타 국왕)[14]가 발언했다. 그는 자신의 과거 작전 경험에 따르면 전쟁은 민생에 영향을 미치는 중대한 결정이니 경솔하게 시작할 수 없다고 주장했다. 전쟁은 군사 분야는 물론 자원과 보급에 의존해야 하므로 무엇보다 경제적 역량을 고려해야 하는데, 아테네는 이 방면에서 스파르타보다 훨씬 풍족하기 때문에 결코 경거망동해서는 안 된다는 것이었다. 일단 묵묵히 전쟁 준비를 시작하며 시기가 무르익고 상대방에게 협상의 성의가 없다고 판단할 때 출격해도 늦지 않다고 주장했다.

5명의 최고 행정관(통치 실권을 장악함) 중 한 명인 스티니라이다스Sthenelaidas[15]가 두 번째로 발언했다.

"우리가 올바른 정신을 갖고 있다면 아무도 우리의 동맹을 침략하게 허용해서는 안 된다. 우리는 미루지 말고 당장 그들을 도와야 한다. 상대가 많은 돈과 선박, 말을 보유하고 있겠지만 우리에게는 용감한 동맹자가 있다. 그들을 배신하고 아테네의 편을 들어서는 안 된다. 이는 법률 소송이나 변론으로 해결될 문제가 아니다. 우리 자신의 이익은 말로 손해를 보는 것이 아니기 때문이다. 우리는 전력을 다해 우리의 동맹을 신속히 원조해야 하며, 타인의 공격을 받을 때 앉아서 토론이나 한다는 말을 들을 수는 없다. 이러한 장기적인 토론은 침략을 계획하는 상대에 유리하게 작용할 뿐이다. 따라서 스파르타 사람들이여, 표결을 하기 바란다! 아테네의 세력을 더 강대하게 만들어서는 안 된다. 우리의 동맹을 배신해서는 안 된다. 신들의 보우 아래 우리는 나아가 침략자와의 전쟁에 나서야 한다!"

그의 발언이 끝난 후 의회는 표결에 들어갔으며, 그 결과 출병에 찬성하는 공민들이 다수를 차지했다. 스파르타는 이로써 평화조약을 공식적으로 파기하고 아테네에 선전포고를 했다.

# 중국을 바라보는
# 미국의 두려움

## 당파를 초월한 공통의 목소리

　　　　　　　　　　　　　　　　펠로폰네소스 전
쟁은 2000년 전에 발생한 일이다. 이제 현재로 시간을 돌려보자.
미국에는 스파르타 시대의 공민대회는 없지만 정책 심의와 변
론의 메커니즘이 있다. 상원과 하원을 포함해 대의정치를 하는
국회가 바로 그것이다. 외교 분야에서 상원의 역할은 특히 중
요하며, 상원은 국무장관 및 기타 부서의 수장을 임명하는 심
의권을 장악하고 있다. 상원에서의 발언은 과거 스파르타 공민
대회에서의 변론과 같다. 2017~2018년 사이에 상원 외교위원
회, 정보위원회, 국토안보와 정부사무 위원회 등 여러 장소의

청문회 발언에서는 중국을 향한 미국의 두려움이 드러나고 있다. 이는 과거 스파르타가 아테네에 느꼈던 공포와 유사하다.

## 중국의 굴기

2017년 11월 14일 미국 상원 외교위원회 아시아태평양 분과 위원회는 하버드 대학교 케네디 스쿨의 그레이엄 앨리슨Graham Allison 교수[16]를 미중관계에 관해 증언하게 했다. 그레이엄 앨리슨은 청문회에서 다음과 같이 발언했다.[17]

"중국은 싸우지 않고 이기는 것이 최선이라는 손자병법의 전략을 펼친다. 헨리 키신저Henry Kissinger(역대 최고의 외교 달인으로 평가받는 전 미국 국무장관)가 말했듯이, 중국인들이 적을 빠져나올 수 없는 불리한 위치로 몰아가면 전쟁터에서 대결하는 것보다 훨씬 유리하다. 오늘날 경제 관계에서 중국은 아시아의 이웃나라, 심지어 미국에 대해서도 같은 전략을 펼친다. 중국이 주로 경제를 통한 외교정책을 실시하는 것은 솔직히 말해 그들에게 그런 능력이 있기 때문이다. 중국은 현재 130개국의 최대 무역 파트너다. 여기에는 주요 아시아 국가들이 포함된다. 중국이 주도적 지위를 차지하는 경제 시장과 '일대일로一帶一路 계획(미국이 제2차 세계대전 직후 서유럽 16개 나라에 행한 대외원조계획인 마샬 플랜의 12배 규모)'으로 아시아에 구축하는 인프라 네트워크는 이웃나라를 베이징의 '경제 중력'으로 끌어당기며 미국이 2차대전 후 아시아에서 차지한 위상을 침식할 것이다."

- 시진핑은 국가의 목표와 예정 시기를 대담하게 발표했다. 2050년에 '종합 국력과 국제적 영향력을 갖춘 글로벌 리더'가 되겠다는 뜻을 선언했다. 그 시점에서 중국의 1인당 국내총생산$_{GDP}$이 미국의 수준에 도달한다면 중국의 경제 규모는 미국의 4배가 될 것이다. 이는 중국의 인구가 미국의 4배이기 때문이다.

- 시진핑은 "역사는 결심이 서 있고 동력과 투지, 충분한 용기가 있는 사람들에게 우호적이다. 역사는 도전 앞에서 주저하고 관망하며 도전을 받아들이기를 부끄러워하는 자들을 기다리지 않는다."고 말했다. 시진핑의 기본 태도에 대해 알아둬야 할 점이다.

- 우리(미국)가 줄곧 왼발(중동)의 하중을 줄여 오른발(아시아)의 비중을 추가하는 여부를 두고 논쟁하고 있을 때 중국은 계속 성장을 거듭했으며, 그 속도는 미국의 3배에 달한다. 그 결과 시소에서 미국이 있는 쪽은 이미 두발이 허공에 곧 들릴 정도가 되었다.

그레이엄 앨리슨은 상원의 청문회에서 증언할 때 다음 페이지의 그림과 유사한 슬라이드를 이용해 중국의 굴기를 설명했다. 그림에서 GDP는 시소의 장방형 면적 크기로 표시했다(명목환율이 아닌 구매력평가 PPP[18]로 계산함). 2004년 중국의 GDP는

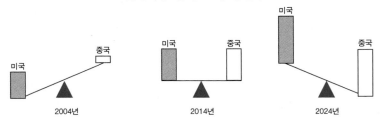

미중 경제 규모를 시소로 비교한 결과

| 2004년 | 2014년 | 2024년 |

국내총생산액(구매력 평가)

(단위: 10억 달러)

|  | 2004년 | 2014년 | 2024년 예측 |
|---|---|---|---|
| 중국 | 5,760 | 18,228 | 35,596 |
| 미국 | 12,275 | 17,393 | 25,093 |

출처: Allison(2017), 원시자료 출처: 국제통화기금 이코노미스트 인텔리전스 유닛(Economist Intelligence Unit)

미국의 절반에도 미치지 못했으나 2014년에는 거의 비슷해졌으며 2024년에는 중국의 GDP가 미국의 1.5배를 넘어설 것으로 예측된다. 그레이엄 앨리슨은 이 그림을 통해 중국의 경제 부상이 매우 공포스러운 사건이며, 미국의 개국 이래 한 번도 맞닥뜨려보지 않은 상황임을 미국 사람들에게 알렸다.

• 냉전 종식 후 미국이 '교류와 경계를 동시에 취하는' 전략으로 중국을 대한 행동에는 근본적인 결함이 존재한다. 이는 전혀 제약이 없는 깃발을 허용한 셈이다. 이 깃발은 중국이 자유 민주국가 또는 최소한 미국이 주도하는 국제 질서의 부속 지위를 받아들이기를 희망한다는 전제로

'중국은 언제 세계 1위가 될까?'(추측 테스트)

| 항목 | 년도 |
|---|---|
| 자동차 제조 | ? |
| 제조업 생산 | ? |
| 무역액 | ? |
| 중산층 수 | ? |
| 억만장자 수 | ? |
| 특허 신청 수 | ? |
| 가장 빠른 슈퍼 컴퓨터 | ? |
| 인공지능 연구 | ? |
| 글로벌 경제 성장의 주요 엔진 | ? |
| 경제 규모(국내 총생산) | ? |

세워졌다. 이제 그런 일은 결코 발생하지 않을 것이다. 미국이 계속 독단적으로 나간다면 미래의 역사학자들은 미국의 이러한 '전략'을 영국, 독일, 러시아 지도자들이 무지하여 마치 몽유병과 같은 상태로 제1차 세계대전을 앞두고 서로에 대해 품고 있던 환상에 비유할 것이다.

그레이엄 앨리슨은 상원에서 증언하며 중국 GDP 규모가 이미 미국을 추월했음을 지적했을 뿐 아니라 다른 공개 강연에서 위의 표를 제시했다. 그는 표의 오른쪽 란에 몇 년도를 기입해야 할지 청중에게 추측해보라고 했다.

미국 청중 중에는 이 항목들 안에는 이미 중국이 1위를 하는 분야가 꽤 있지만 많은 분야에서 중국이 아직 미국을 앞지르지 않은 상황일 것이라고 생각하여 미래의 날짜를 기입하려고 했다. 그레이엄 앨리슨이 답을 발표하자 청중들은 경악했다. 표 안의 모든 항목에서 중국은 이미 미국을 앞질러 있었던 것이다. 그 시기는 항목별로 각각 2009년, 2011년, 2012년, 2015년, 2016년, 2011년, 2010년, 2016년, 2010년, 2014년 순이었다.

## 비전형적인 중국의 정보 수집

2018년 2월 13일 상원 정보위원회 청문회 증언에서 연방조사국 크리스토퍼 레이Christopher Wray 국장은 "미국에 유학 중인 중국 학생들, 특히 과학과 수학 등 고급 과정의 학생들이 미국 국가 안보와 관련한 정보에 미치는 위험에 대해 말해 달라"는 상원 의원 마르코 루비오Marco Rubio의 요청에 다음과 같이 대답했다.[19]

"우리는 전국의 거의 모든 지역의 조사국 사무실에서 위험을 감지한다. 중국은 비전형적인 방법으로 정보를 수집한다. 특히 학술계에서 교수, 과학자, 학생 들이 동원된다. 이런 현상은 주요 도시에만 국한되지 않고 작은 도시에서도 발생하며, 기본적으로 모든 학과에 걸쳐 있다. 이 문제에 대한 학술계의 순진한 태도가 문제를 초래한다고 생각한다. 그들은 우리가 자랑스럽게 생각하는 매우 개방적인 연구와 발전 환경을 이용해 자신들의 이익을 챙기고 있다. 따라서 중국의 위협이 정부 차원을 넘어 사회 전체에서 비롯된다는 점에 경각심을 가져야 한다. 나는 우리 사회 전체가 이를 경계해야 한다고 생각한다. 따라서 정보계뿐 아니라 민영 부문과 학술 부문에서도 경계심을 강화하여 정보를 보호해야 한다."

## 중국의 약탈적 경제 정책

2017년 7월 24일 미국기업연구소 댄 블루멘탈Dan Blumenthal 아시아연구 국장과 신新미국안보센터의 엘리 래트너Ely Ratner 부국장이 상원 외교위원회에서 증언했다.[20] '중국의 도전, 세 가지'라는 주제 중 첫 번째 주제를 다루는 이 상원 공청회는 상원의원들이 아시아와 중국 정책 전문가 두 사람의 증언을 청취하는 자리였다. 두 사람은 정치적 성향이 매우 다른 연구소에 소속해 있었다. 이 두 사람이 소속된 곳은 보수파의 싱크탱크로 알려진 미국기업연구소AEI, American Enterprise Institute와 주로 오바마 정부 시대의 정치 분석 전문가들이 이끄는(친 민주당) 신미국안보센터CNAS, Center for a New American Security였다.

상원의원 코리 가드너Cory S. Gardner[21]가 모두발언에서 단도직입적으로 질문했다. "굴기 중인 중국이 미국이 이끄는 자유세계의 질서를 전복하고 그 자리를 빼앗으려고 하는데 미국은 어떻게 대응할 것인가?" 신미국안보센터의 엘리 래트너 부국장은 이 증언에서 미국과 중국이 "현재 리스크가 큰 지정학적 경쟁에 돌입했으며", 또한 "현재 미국 외교정책에서 어떤 의제도 이보다 중요하지 않다"고 대답했다. 그는 미국이 "이 경쟁에서 지고 있다"며, 유일한 탈출구는 "미국의 경쟁력을 높이고 이를 전략의 핵심 목표로 정하는 것"이라고 주장했다.

미국기업연구소의 댄 블루멘탈 국장은 다른 시각에서 이 문제를 바라보았다. 그는 "중국의 개혁개방시대는 이미 끝났으며, 끝난 지 이미 10년이 넘었다. 중국은 당과 관련한 국유 기업을 다시 장악하고 있으며 민영 부문은 축소되고 있다. 이로 인해 중국 정부는 협박성 경제 정책을 더 많이 실행할 수 있었다."라고 말했다.

또한 "미국이 싫어하는 중국의 일부 경제 정책은 강압적일 뿐만 아니라 근본적으로는 약탈성을 띠고 있다. 이는 국유 기업에 대한 중국의 대규모 보조금과 관련이 있으며, 이로 인해 미국과 미국 기업이 중국과 경쟁할 수 없게 한다."라고 하며 "지적재산권과 영업기밀에 대한 '철두철미한 도용' 외에도, 중국의 경제적 협박은 중국에서 이익을 얻고자 하는 특정 비즈니스맨과 기업에 대한 압박으로 나타난다. 중국에서 근무하던 미국과 유럽의 비즈니스 리더들이 귀국할 때 중국의 이익에 반하는 정책에 반대하는 로비를 펼치는 이유다."라고 보충해서 설명했다.

## 장기적 위협이 될 중국

2018년 10월 10일 연방조사국 크리스토퍼 레이 국장은 상원의 미국 국토안보와 정부사무 의제에 관한 증언에서 러시아가 여전히 주요 문제인 것은 사실이나 중국은 미국에게 "가장 광범위하고 가장 복잡한 정보보호 분야에서 장기적인 위협"이라고 말했다. 그는 이어서 "소련이 해체된 후 러시아의 목표는 국제 사회에서 수행할 모종의 역할을 쟁취하는 것뿐이며, 그들이 '오늘'의 전쟁을 하고 있다면 중국은 '내일'의 전쟁을 하고 있다. (……) 이는 앞으로 장기전이 될 것이다."라고 덧붙였다.

위에서 언급된 발언들은 일부의 예에 지나지 않는다. 중국과 관련한 공청회의 모든 내용을 추가하고 연방 상원의원들이 공개 장소에서 매체에 발언한 내용까지 추가한다면, 중국의 굴기에 공포를 느끼고, 이에 따라 더 많은 방위비를 요구하는 것이 미국의 당파를 초월한 공동의 요구라고 할 수 있다.

# 끓어오르는 중국 위협론

**백악관 전략보고서**

　　　　　　　　　　비단 상원 공청회
에서만 '중국 위협론'으로 넘치는 것은 아니었다. 백악관에서 발
표한 각종 전략보고서에도 신랄한 어조는 상원 공청회 못지않았
다. 실제 사례 몇 가지를 소개한다.

### 1. 2017년 12월, 백악관 국가안보 전략보고서

　수십 년 동안 미국의 정책은 중국의 굴기를 지지하고 중국이
전후 국제체제에 융합해 들어와서 자유화하는 것을 지지한다
는 신념에 기반했다. 그러나 현실은 우리의 기대와는 정반대여

서 중국은 다른 각 지역의 주권을 대가로 그 세력을 확대해가고 있다. 중국은 비할 수 없는 규모로 데이터를 수집하고 이용하며, 자신들의 권위주의 체제의 특성을 전파하고 있다. 여기에는 부정부패와 감시 방법이 활용된다. 중국은 세계에서 미국에 버금가는 가장 능력 있고 충분한 자금력을 갖춘 군대를 건설하고 있으며, 핵무기고를 개량하고 다양화하고 있다. 중국의 군사 현대화와 경제 확장의 원인 중 일부는 그들이 미국의 세계 일류 대학을 포함한 미국의 혁신경제체제에 진입할 수 있었기에 가능했다.[22]

### 2. 2018년 2월, 세계 위협평가 보고서

중국 인민해방군은 핵미사일 부대를 계속 현대화하고 있다. 더 많은 기동도로 이동시스템을 증대하고 지하발사시스템도 강화하는 중이다. 차세대 미사일로 2차 타격능력을 갖춰서 중국의 전략적 억제력의 실행 가능성을 확보하려는 취지가 있다. 중국은 극초음속활공비행체HGV, hypersonic glide vehicle[23]의 시험도 실시했다. 이밖에 중국 해군은 JL-2 잠수함발사탄도미사일SLBM, Submarine-Launched Ballistic Missile을 계속 연구제작하고 추가로 (2세대) 진급晉級 핵동력 탄도 미사일 잠수함[24]을 생산할 가능성도 있다. 진급 잠수함은 중국 해군에 원격 해상기반 핵능력을 제공했다.

중국은 핵 무장 능력을 갖춘 차세대 폭격기 개발을 통해 그 '핵 전력 삼위일체Nuclear Triad[25]'를 구축할 계획이다.[26]

### 3. 2018년 6월, 백악관 무역제조업 정책국 보고서

이 보고서에서는 중국의 '경제 침략 전략'을 다음과 같이 정의했다.[27]

"중국 정부는 전면적인 장기 산업 전략을 실시하여 세계에서 주도적 지위를 확보하고자 한다. 베이징의 최종 목표는 자국 기업이 국내에서 우선 외국 기업을 대체하여 핵심기술 및 제품의 설계자와 제조자가 되고, 이어서 해외에 이를 판매하게 하는 것이다."

"중화인민공화국은 빠른 경제 성장을 거쳐 세계 2대 경제 주체가 되었으며, 동시에 공업화와 글로벌 가치사슬의 향상을 실현했다. 그러나 그 성장은 많은 면에서 글로벌 규범과 규칙에 부합하지 않는 행위, 정책, 방법을 통해 실현되었다(경제 침략 Economic Aggression으로 통칭)."

중국의 경제 규모와 시장왜곡 정책 정도에 기반해 판단할 때, 중국의 경제 침략은 현재 미국 경제를 위협할 뿐 아니라 글로벌 경제까지 위협하고 있다. 어떤 방면에서 중국은 그 침략 행위, 정책, 방법을 굳이 숨기지 않고 있다. 중국의 정부 문건,

간부급 관리의 행동을 비롯해 기업과 싱크탱크, 정부 기관이 작성한 보고서에 그 사실이 드러난다.

중국의 경제 침략에는 4가지 유형이 있다.

첫째, 자국시장 보호 조치로 수입품과 경쟁하지 않게 해준다. 이 유형에는 높은 관세, 비관세장벽, 기타 법규 등의 수입 장벽이 포함된다.

둘째, 글로벌 시장에서 중국 제품의 시장 점유율을 확대한다. 수출융자 외에도 국유 기업에 대한 구조조정과 합병을 단행하여 '국가 챔피언'으로 키우고, 이들이 국내시장과 국제시장에서 외국 기업과 경쟁할 수 있는 능력을 갖추게 하는 것이 산업정책에 포함된다. 중국 기업도 우대정책과 자금지원을 받아 자국시장에서 생산과잉을 초래했는데 그 결과 글로벌 시장에서 자사 상품의 가격을 낮추고 외국 경쟁자들을 글로벌 시장에서 몰아냈다.

셋째, 전 세계에서 안전한 핵심 천연자원을 공급받는다. 중국은 약탈적인 '채무 함정Debt Trap'이라는 경제 발전 및 금융 모델을 이용해 개발도상국에 대량의 자금을 제공하고 그 대가로 해당 국가의 천연자원을 통제하고 시장에 진입한다. 이러한 천연자원에는 보크사이트, 동, 니켈, 그리고 베릴륨, 티타늄 등의 희토류가 있다. 이러한 약탈적 모델은 법치 수준이 취약하고 권위적 정치가 득세하는 국가에 특히 효과적이다.

넷째, 전통 제조업이 주도적 위치를 차지한다. 중국은 이미 각종 전통 제조업에서 선두를 차지했다. 대출우대, 시장 가격보다 낮은 공공사업비율, 상부의 명령이 제대로 집행되지 않는 느슨한 환경, 느슨한 건강 및 안전 기준을 통해 이 목표를 실현했다. 유럽 상공회의소협회에서 "이 세대 사람들에게 중국은 줄곧 세계의 공장이다."라고 밝혔듯이, 2015년에 중국은 이미 전 세계 자동차 생산량의 28퍼센트, 전 세계 조선의 41퍼센트를 차지했으며, 전 세계 냉장고 생산량의 50퍼센트 이상, 전 세계 컬러 텔레비전 생산의 60퍼센트 이상, 전 세계 에어컨과 컴퓨터 생산량의 80퍼센트 이상을 차지했다.

이외에도 중국은 두 가지 유형의 경제 침략을 추구하고 있으며, 이는 본 보고서의 중점이기도 하다.[28] 그 내용은 다음과 같다.

첫째, 미국을 포함한 다른 나라들로부터 핵심기술과 지적재산권을 획득한다. 둘째, 미래의 경제성장동력을 창출할 신흥 하이테크 산업과 국방산업의 신기술을 장악한다.

이 보고서는 중국 산업정책의 주요 법령, 조치, 행동을 상세히 살펴 이 두 가지 정책이 어떻게 이행되는지 설명한다. 중국 정부는 이 정책들을 통해 미국의 기술과 지적재산권이라는 왕관의 보석을 빼가려고 한다.

앞에서 든 세 편의 백악관 보고서들은 일부 사례에 불과하다. 그러나 이 보고서들에서 사용한 용어와 강조하는 중점으로 보아 다음과 같은 사실을 알 수 있다.

첫째, 미국은 중국을 경제적 측면에서의 경쟁자로만 국한하는 것이 아니라 지정학적 최대 경쟁자로도 보고 있다.

둘째, 경제적 측면에서 미국은 중국의 '산업정책'에 무척 민감하다. 미국 관리의 눈에 중국의 산업정책은 일종의 '경제 침략'이며 '악성 종양'이며, '불공정한 경쟁'으로 반드시 도려내야 하는 것이다.

## 사다리 걷어차기

백악관의 이런 보고서들에서는 언급하지 않았고 언급할 리도 없겠지만, 사실 여기서 공공연히 언급하는 '산업정책'과 '경제 침략'은 과거 거의 모든 선진국들이 산업 발전 초기에 채택했던 것들이다. 특히 미국은 더욱 그렇다. 선진국들은 발전 단계의 초기에 보편적으로 시행했던 정책을 통해 고도의 산업화를 이루어냈다. 그런 국가들이 자국의 글로벌 경쟁력을 갖추고 나서 여전히 발전 단계가 낮은 국가들에게는 그런 정책을 채택하지 못하게 하는 것은 이중기준이며 명백한 위선이다. 학자들은 이러한 행위를 '사다리를 치워버린다'고 표현한다. 자신들이 사다리를 이용해 꼭대기로 올라가고 나서 그 사다리를 발로 차버린다는 것이다. 뒤에 따라오는 사람들은 사용할 수 없도록 말이다. 이 점에 대해서는 다음 PART에서 상세히 분석하겠다.

또 한 가지는 이 보고서들에서 다루지 않는 것으로, 지금으로부터 270년도 안 된 1750년에 중국과 인도가 전 세계 제조업 총생산에서 차지하는 비율이 각각 32.8퍼센트와 24.5퍼센트로 당시 유럽 전체의 23.2퍼센트이었다는 점이다(Bairoch, 1982). 중국과 인도의 전통 공업은 훗날 산업혁명을 일으킨 서유럽에 의해 거의 무너져버렸다. 오늘날 세계에서 가장 많은 인구를 가진 이 두 나라가 산업화를 이룩한다면 전 세계에서 차지하는 비율은 과거의 수준을 점차 회복할 것이다. 이를 이중기준으로 간주해서는 안 된다.

# 과장된 중국의
# 경제 역량

## 외부의 적

데이비드 로스코
프David Rothkopf(미국 전략분석기관 인텔리브릿지 설립자이자 2012년 당시
미국 외교전문지 〈포린 폴리시Foreign Policy〉의 편집자)는 이렇게 말했다.
"미국은 줄곧 적을 찾아다닌다. 그들을 찾아내서 무찌르겠다
는 의미가 아니라 미국은 마음 깊은 곳에 늘 적이 필요하다는
의미다. 정치인들은 적이 있는 것을 좋아한다. 적을 공격해야
대중을 선동하고, 그들의 관심을 국내 문제에서 다른 곳으로
옮기는 데 유리하기 때문이다. 국방산업도 적이 있는 것을 선
호한다. 그래야 그들이 돈을 벌 수 있기 때문이다. 학자들도 적

을 좋아한다. 적이 자신들의 출판물을 베스트셀러로 만들어주기 때문이다.[29]"

외부의 적을 만드는 것은 내부의 갈등을 해결하는 좋은 방법이다. 미국에는 빈부격차, 지역 간 소득격차, 인종 문제, 이민자 문제, 총기남용, 약물남용 등 내부 갈등 문제가 많다. 그러나 일단 외부의 적이 출현하면 사람들의 관심은 즉각 외부로 향하게 되며, 다른 모든 문제는 큰 사건에 자연스럽게 묻힌다.

중국은 비약적으로 발전했다. 제조업 생산량은 세계 1위, 시멘트 사용량 세계 1위, 무역액 세계 1위 외에도 세계 1위를 차지한 항목이 수두룩하다. 이와 동시에 빠른 속도로 도시화가 진행되고 있으며, 빈곤선 아래에 놓인 인구 비율이 빠르게 하락하고 평균수명이 계속 길어지고 있다. 이는 모두 놀라운 성과이며, 앞서 언급한 미국의 각 부처에서 중국의 신속한 굴기를 미국에 대한 '위협'의 상징으로 묘사하는 성과이기도 하다. 그러나 중국 위협론자들이 간과하는 중요한 사실이 있다. 중국은 인구가 많기 때문에 규모가 크다. 하지만 규모, 즉 '부피'가 크다고 '질량'이 크다는 법은 없다.

## 중국의 1인당 평균 국내총생산은 여전히 낮다

중국은 어떤 측면에서 봐도 선진국이 아니며, 선진국이나 고소득 국가와는 여전히 큰 거리가 있다. 일반적으로 경제 발전 수준을 가늠하는 지표는 1인당 평균소득이다. 다음의 표에 나오듯이 2010년 고정가격으로 계산한 중국의 1인당 평균 GDP는 2017년에 7,329달러에 불과하여 세계 평균 10,634달러에도 못 미친다. 이는 미국, 일본, 유럽 등 선진국과는 큰 격차가 있음을 알 수 있다.

상대물가 수준을 고려하여 구매력 평가로 계산하더라도 당시 국제 달러로 환산하면 2017년 중국의 1인당 평균소득은 16,760달러에 불과하여 세계 평균[30]보다 낮으며, 미국의 6만 달러에는

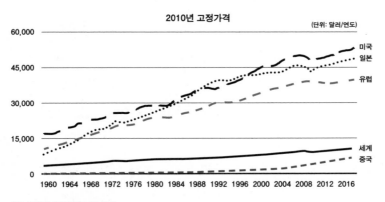

전 세계 실질 1인당 국내총생산(GDP) 비교

2010년 고정가격

(단위: 달러/연도)

출처: 세계은행 세계발전지수 DB, 2018

한참 못 미친다. 오늘날 미국이 중국에 가하는 무역제재는 마치 미국 프로야구 메이저리그에서 활약하는 팀이 중소 리그 팀과 겨루는 것에 비교할 수 있다. 놀랍게도 미국의 다수 정당과 여론은 중국이 메이저리그에 속한다고 주장하고 있다.

## 세계적으로 유명한 소비자 브랜드가 부족하다

세계적으로 부상하는 대국 중에 세계적으로 유명한 브랜드를 보유하지 않은 나라는 없다. 이는 고객이 그 제품과 품질에 대해 그 나라의 인지도와 연대하여 인식하는 것을 상징한다. 2018년 10월 글로벌 브랜드 컨설팅 회사인 인터브랜드Interbrand는 그 해에 세계적으로 가장 가치가 높은 100대 브랜드를 발표했는데, 67위 안에 드는 중국 브랜드는 하나도 없었으며 68위에 화웨이가 이름을 올렸다.[31]

이를 통해 중국은 대부분의 생산모델이 주문자생산OEM으로 이뤄지고 있으며, 사실상 생산체인의 주도권이 OEM업체가 아닌 브랜드 소유자에게 있음을 알 수 있다. 브랜드 소유자는 수익에 기반해 생산기지를 가장 큰 이익을 볼 수 있는 곳으로 선정하지만, 소비자가 인지하는 것은 브랜드 자체다.

특정 브랜드의 상품이 잘 팔리면 주문자 생산 수량이 늘어나며 수입도 증가한다. 브랜드의 상품이 잘 팔리지 않으면 주문자 생산 수량과 이익이 감소한다. 브랜드의 매출 실적은 브랜드 가치와 판매 전략에 달려 있다. 국제적인 소비 시장에서 진정으로 주도권을 잡은 자들은 순위에 오른 세계 유명 브랜드라고 할 수 있다. 중국 제품이 유명 브랜드를 보유하여 이 기준에 도달하려면 아직도 갈 길이 멀다.

일부 브랜드는 중국에서 유명한 데다가 중국은 인구가 많고 시장이 크기 때문에 매출액도 상당한 수준에 달한다. 그러나 해외로 진출할 수 있어야 국제적인 유명 브랜드라고 할 수 있으며, 국제적인 영향력을 발휘할 수 있다. 그런 브랜드들은 갖추고 있어야 세계적으로 부상하는 대국이라고 부를 수 있다.

인터브랜드가 발표한 상위 명단을 보면 1위가 애플, 2위 구글, 3위 아마존, 4위 마이크로소프트, 5위 코카콜라로, 모두 미국 기업이다. 6위는 한국의 삼성, 7위는 일본의 토요타 자동차, 8위가 독일의 벤츠이며, 9위부터 12위까지는 각각 페이스북, 맥도날드, 인텔, IBM으로 모두 미국 기업이다. 13위는 독일 기업 BMW이며 14위부터 17위까지는 디즈니, 시스코, 제너럴 일렉트릭, 나이키의 순서이며 모두 미국 기업이다. 18위는 프랑스의 루이비통이며 19위는 미국의 오라클, 20위는 일본의 혼다가 차지했다.

이처럼 20위까지는 미국, 일본, 독일, 프랑스의 기업이 차지

하고 있다. 즉, 최소한 세계 소비 시장에서는 아직 기존의 선진
국들이 국면을 주도하고 있음을 알 수 있다.

**기존 선진국 기업이 고부가가치 산업을 여전히 독점하고 있다**

다음의 다양한 업종군에서 볼 수 있듯이 중국은 고부가가치 산
업에서 여전히 개발도상국에 속해 있다.

### 1. 주요 하이테크 산업

일본의 〈니혼게이자이日本經濟〉 신문은 매년 '글로벌 주요 상품
과 서비스의 시장점유율 조사'를 발표한다. 2018년에 발표한
2017년도의 시장 점유율 조사 결과에 따르면, 71개 품목 중 24개
품목에서 미국이 1위를 차지했으며, 일본은 10개 품목에서 1위
를 차지했다. 중국이 1위를 차지한 품목은 9개에 불과했다.[32]

중국이 1위를 차지한 9개 품목 중 첫 번째는 '이동통신 기
지국'이다. 세계 3대 기업이 전체 시장의 73퍼센트를 점유하
고 있는데, 시장 점유율 1위인 중국의 화웨이, 2위인 스웨덴의
에릭슨Ericsson, 3위인 핀란드의 노키아Nokia가 각각 27.9퍼센트,
26.6퍼센트, 23.3퍼센트를 차지한다. 두 번째 품목인 보안감시
카메라의 경우 1위는 중국의 하이캉웨이스海康威視, 2위는 중국
의 다화 테크놀로지大華技術, 3위는 스웨덴의 엑시스 커뮤니케이

션즈Axis Communications로, 3위까지의 점유율이 총 45퍼센트이며 그 중 하이캉웨이스가 31.3퍼센트를 차지한다. 세 번째 품목인 태양광 패널의 경우 1위는 징커닝위안晶科能源, 징커에너지, 2위는 톈허광天合光能, Trinasolar, 3위는 징아오타이양닝晶澳太陽能(징아오솔라, JA Solar)으로, 3위까지는 점유율 합계가 27퍼센트인 중국 기업이 차지했다. 위의 3개 품목은 하이테크High Tech 제품이거나 미들테크Middle Tech 제품이다. 그러나 세 번째 품목 태양광 패널은 사실 세계적으로 생산과잉이 심해서 수익을 내기 어려운 산업이다.

나머지 6개 품목은 하이테크 제품에 속하지 않는 것으로, 가정용 에어컨 품목에서는 중국의 주하이 거리전기珠海格力電器, 국제신용카드 품목에서는 중국 은련中國銀聯, China UnionPay, 원유수송 품목에서는 중국 초상국中國招商局, 세탁기 품목에서는 하이얼海爾, 냉장고 품목에서는 하이얼, 담배 품목에서는 중국연초총공사中國煙草總公司가 글로벌 1위를 차지했다.

일본은 10개 품목에서 세계 1위를 차지했다. 타이어 품목에서는 브리지스톤Bridgestone이 세계 1위를 차지했으며, 시장 점유율은 14.6퍼센트다. 오토바이 품목에서는 시장점유율 35.1퍼센트의 혼다本田, 지게차 품목에서는 시장 점유율 19퍼센트의 도요타 자동직기豊田自動織機, 리튬전지절연체 품목에서는 시장 점유율 16.7퍼센트의 아사히카세이旭化成, 중소형 액정패널 품목에서는 시장 점유율 20퍼센트의 재팬 디스플레이Japan Display, 상보성 금속산화막 반도체CMOS 센서 품목에서는 시장 점유율 52.2퍼센트의 소니Sony, 마이크로컴퓨터Microcomputer 품목에서는 시장 점유율 19.9퍼센트의 르네사스 전자瑞薩電子, 디지털 카메라 품목에서는 시장 점유율 43.4퍼센트의 캐논Cannon, 교환렌즈 카메라 품목에서는 시장 점유율 49.1퍼센트의 캐논, A3 레이저 복사기 및 복합기 품목에서는 시장 점유율 18.1퍼센트의 리코Ricoh가 세계 1위를 차지했다.

세계 1위를 차지한 일본 브랜드의 제품 중 절대다수가 하이테크 제품임을 알 수 있다. 1위를 차지한 미국의 24개 품목은 더 말할 필요가 없을 정도로 하이테크 제품이 많다. 가령 개인용 컴퓨터에서는 휴렛팩커드HP가 점유율 세계 1위(22.7퍼센트)를 차지했으며, 태블릿 컴퓨터에서는 애플이 전세계 점유율 1위(26.8퍼센트)를 차지했다.

라우터 분야의 세계 1위는 점유율 61.3퍼센트의 시스코, 백신 프로그램의 1위는 시장 점유율 11퍼센트의 시만텍Symantec이 차지했다. 제약 분야의 세계 1위는 미국의 마일란Mylan N.V.이며, 유압 기중기 세계 1위는 시장 점유율 18퍼센트의 미국 캐터필러Caterpillar, 레이저 프린터 세계 1위는 점유율 41퍼센트에 달하는 휴렛팩커드가 차지했다.

이러한 데이터를 통해 GDP 통계에 명목 값을 이용할 경우 중국이 현재 세계 2위를 차지하며, 구매력 평가로 통계를 낸다면 중국이 미국을 추월한 세계 1위임을 알 수 있다. 그러나 전 세계의 각종 미들테크부터 하이테크까지의 주요 상품 중 1위는 미국, 2위는 일본이 차지하고 있다. 중국은 미들테크 및 하이테크 분야에서 무선통신 기지국과 보안감시카메라가 선두를 달리는 것을 제외하고는, 다른 제품의 경우 인구가 많고 제품 수요가 커서 전 세계 1위를 차지하게 된 것으로, 하이테크 제품이라고 할 수 없다.

따라서 글로벌 시장의 경제력으로 볼 때 중국은 개발도상국이 확실하며, GDP 총량의 순위와는 큰 차이가 있음을 알 수 있다. 그렇다고 해서 중국이 장차 선진국이 될 수 없다는 신호는 아니다. 사실상 이 매체는 매년 조사를 하는데(사실은 다양한 출처의 자료를 규합하여 정리하는 작업이다), 매년 그 분야와 품목이 조금씩 다르다. 중국이 1위를 차지하는 품목은 증가하는 추세이며, 미국도 증가하고 있다.

개인용 컴퓨터 분야에서 중국이 원래 5년 연속 1위를 차지하고 있었으나 2017년 미국의 휴렛팩커드에 추월당했다.

제약 분야에서 미국의 마일란은 이스라엘의 테바 제약Teva

Pharmaceutical을 제치고 1위에 올라섰다.

중국은 발전하고 있다. 그러나 전 세계의 기존 하이테크 시장에서 차지하는 위상으로 볼 때 중국은 여전히 개발도상국이다. 물론 중국은 앞으로 계속 발전할 것이며, 미국과 일본은 갈수록 위협을 느낄 것이다. 언젠가는 세계 하이테크 시장에서 중국의 여러 제품들이 1위나 2위를 차지할 수도 있다.

그러나 그것은 현재가 아닌 미래의 일이다. 현재 하이테크 분야에서 중국은 미국과 매우 큰 격차가 있으며, 일본과도 상당한 격차가 벌어져 있으므로 따라잡으려면 많은 시간과 노력이 필요하다.

이러한 분석을 통해 미국이 일본, 서구 국가와 함께 화웨이에 집중 대응하는 이유를 알 수 있다. 현재까지 화웨이는 세계적 경쟁력을 갖춘 것으로 공인된 중국의 하이테크 기업이기 때문이다.[33]

## 2. 화학공업

세계 20대 화학공업기업 중 중국 기업은 3위에 오른 중국석유화공집단공사 中國石化, Sinopec가 유일하다. 1위부터 10위까지의 순위는 바스프BASF(독일), 듀퐁DuPont(미국), 사우디 기간산업공사 SABIC(사우디아라비아), 이네오스Ineos(영국), 포모사 석유화학 台塑石化

(대만), 엑슨모빌Exxon Mobil(미국), 라이온델 바젤Lyondell Basell(네덜란드), 미쯔비시 화학(일본), LG화학(한국) 순이다.[34]

### 3. 자동차

2017년 글로벌 10대 자동차 기업은 도요타 자동차(일본), BMW(독일), 메르세데스 벤츠Mercedes-Benz(독일), 폭스바겐Volkswagen(독일), 닛산NISSAN(일본), 포드Ford(미국), 혼다Honda(일본), 포르쉐Porsche(독일), 쉐보레Chevrolet(미국)이다. 10대 자동차 기업에 중국 기업은 없으며, 대다수가 일본, 독일, 미국의 기업이다.[35]

### 4. 항공우주

항공 및 항공우주산업 온라인 뉴스 사이트인 플라이트 글로벌Flight Global이 '2017년 글로벌 100대 항공우주기업' 명단을 발표했다. 20위권에 중국 기업은 하나도 없으며, 미국, 네덜란드, 영국, 프랑스, 이탈리아, 캐나다, 일본, 브라질의 기업이 포함되었다. 그중 대부분이 미국 기업이다. 그 명단은 다음 페이지의 표에 나와 있다.

| 순위 | 기업 | 본사 소재지 | 수입 |
|---|---|---|---|
| 1 | 보잉(Boeing) | 미국 | 94,571백만 달러 |
| 2 | 에어버스(Airbus) | 네덜란드 | 70,831백만 달러 |
| 3 | 록히드 마틴(Lockheed Martin) | 미국 | 47,248백만 달러 |
| 4 | 유나이티드 테크놀로지스(United Technologies) | 미국 | 28,988백만 달러 |
| 5 | 제너럴 일렉트릭(General Electric) | 미국 | 26,261백만 달러 |
| 6 | 노스롭 그루먼(Northrop Grumman) | 미국 | 24,508백만 달러 |
| 7 | 레이시언(Raytheon) | 미국 | 24,069백만 달러 |
| 8 | 샤프란(Safran) | 프랑스 | 16,788백만 달러 |
| 9 | BAE 시스템즈(BAE Syestems) | 영국 | 13,339백만 달러 |
| 10 | 레오나르도(Leonardo) | 이탈리아 | 12,768백만 달러 |
| 11 | 롤스로이스(Rolls-Royce) | 미국 | 12,047백만 달러 |
| 12 | 하니웰(Honeywell) | 미국 | 11,696백만 달러 |
| 13 | L-3 테크놀로지스(L-3 Technologies) | 미국 | 10,511백만 달러 |
| 14 | 텍스트론(Textron) | 미국 | 9,916백만 달러 |
| 15 | 봄바디어(Bombardier) | 캐나다 | 8,765백만 달러 |
| 16 | 미쓰비시 중공업(Mitsubishi Heavy Industries) | 일본 | 8,714백만 달러 |
| 17 | 제너럴 다이내믹스(General Dynamics) | 미국 | 8,362백만 달러 |
| 18 | 프리시전 캐스트파츠(Precision Castparts) | 미국 | 7,000백만 달러 |
| 19 | 스피릿 항공(Sprit Aerosystems) | 미국 | 6,793백만 달러 |
| 20 | 엠브라에르(Embraer) | 브라질 | 6,218백만 달러 |

출처: https://www.artillerymarketing.com/fs/top-100-aerospace-companies-2017.

## 5. 전자상거래

2018년 세계 10대 전자상거래 사이트 순위는 오른쪽 페이지의 표와 같다. 중국 기업은 징둥京東과 알리바바가 각각 2위와 3위를 차지하여 세계의 선두 그룹에 들어 있음을 알 수 있다.

## 2018년 세계 10대 전자상거래 사이트 순위

| 순위 | 기업 | 본사 소재지 | 2017년 수입 |
|---|---|---|---|
| 1 | 아마존(Amazon) | 미국 | 1,080억 달러 |
| 2 | 징둥京東(JD.com) | 중국 | 379억 달러 |
| 3 | 알리바바(Alibaba) | 중국 | 229.9억 달러 |
| 4 | 월마트(Walmart) | 미국 | 200억 달러 |
| 5 | 부킹 홀딩스(Booking Holdings) | 미국 | 126.8억 달러 |
| 6 | 쇼피파이(Shopify) | 캐나다 | 67.3억 달러 |
| 7 | 라쿠텐(Rakuten) | 일본 | 87.7억 달러 |
| 8 | 오토(Otto) | 독일 | 86.8억 달러 |
| 9 | 이베이(eBay) | 미국 | 95.67억 달러 |
| 10 | 아소스(ASOS) | 영국 | 27.31억 달러 |

출처: https://www.mbaskool.com/fun-corner/top-brand-lists/17622-top-10- ecommerce-companies-in-the-world-2018.html?limitstart=0.

## 6. 소셜미디어social media

글로벌 소셜미디어의 상시 사용자는 이미 33억 명을 돌파했으며, 그중 약 31억 명은 모바일 디바이스를 통해 소셜미디어를 사용하고 있다. 페이스북은 사용자 수가 22억 명에 달하여 소셜미디어 플랫폼 중 1위를 차지했으며, 사용자 수가 19억 명을 보유한 유튜브Youtube가 2위를 차지했다.

다음 페이지의 표는 2018년 10월에 발표한 조사 결과이며, 소셜미디어와 통신 소프트웨어 두 분야로 구분했다. 페이스북 산하의 메신저앱 왓츠앱WhatsApp과 페이스북 메신저Facebook Messenger는 사용자 각각 15억 명과 13억 명을 보유하여 통신 소프트웨어에서 1위와 2위를 차지했다. 중국 시장에서 1위를 달

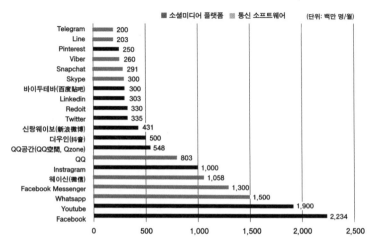

2018년 소셜미디어 플랫폼: 글로벌 상시 사용자 수

■ 소셜미디어 플랫폼 ■ 통신 소프트웨어   (단위: 백만 명/월)

| 플랫폼 | 사용자 수 |
|---|---|
| Telegram | 200 |
| Line | 203 |
| Pinterest | 250 |
| Viber | 260 |
| Snapchat | 291 |
| Skype | 300 |
| 바이두테바(百度貼吧) | 300 |
| Linkedin | 303 |
| Redoit | 330 |
| Twitter | 335 |
| 신랑웨이보(新浪微博) | 431 |
| 더우인(抖音) | 500 |
| QQ공간(QQ空間, Qzone) | 548 |
| QQ | 803 |
| Instragram | 1,000 |
| 웨이신(微信) | 1,058 |
| Facebook Messenger | 1,300 |
| Whatsapp | 1,500 |
| Youtube | 1,900 |
| Facebook | 2,234 |

출처: Hootsuite(2018.10.26), https://www.slideshare.net/DataReportal/ digital-2018-q4-global-digital-statshot-october-2018-v2?qid=9ce6fefc-d0eb-40ce- b114-16e100f9318f&v=&b=&from_search=1

리는 웨이신微信(위챗)이 사용자 수 10억 명으로 세계 3위를 차지했다. 같은 텅쉰騰訊 산하의 QQ도 사용자 수 8억 명을 보유하여 이 분야에서 중국 기업의 빛나는 활약이 두드러진다.[36]

## 중국은 여전히 개발도상국이다

앞에서 언급한 산업분석을 통해 중국은 개혁개방을 시작한 지 40년 만에 비약적으로 발전했음을 알 수 있다. 특히 무선통신 인프라 시설 분야에서 화웨이가 세계 시장 점유율 1위를 차지한 것은 대단한 성과다. 전자상거래에서는 징둥과 알리바바가 세계 2, 3위를 차지해 민영 기업의 모범적 성공 사례로 꼽는다. 그러나 전 세계 미들테크와 하이테크 시장은 절대다수가 미국 (1위), 일본(2위), 그리고 기타 유럽 국가가 차지하고 있다. 이런 시장 점유율이 짧은 기간에 형성된 것이 아니기 때문에 단기간에 변하기도 어렵다.

시장 점유율이 높은 기존 기업들은 강력한 연구개발 능력을 갖추고 있으며, 자본과 기술 유지에 힘쓰고 있다. 후발주자들이 쫓아가기에는 매우 큰 노력이 필요하다. 보안감시카메라 등 일부 업종에서 중국은 가까스로 세계 1위를 차지했지만 이는 특수한 경우이며, 아직까지는 기존 선진국이 전 세계 미들테크와 하이테크 시장을 점거하고 있는 현실이다. 따라서 현재 중국은 빠르게 발전하는 개발도상국, 그중 매우 낮은 생활 수준에서 이제는 최소한 중간 수준에는 오른 개발도상국이라고 할 수 있다. 그러니 중국은 여전히 개발도상국으로, 결코 선진국이 아니다. 개발도상국이 선진국을 따라잡으려면 오랜 시간에 걸쳐 끊임없이 기초를 다져야 하며, 국민의 기초교육부터 첨단 과학기술 연구에 이르기까지 많은 시간이 필요하다.[37] 그 시기가 도래하기 전에 미국이 중국을 가장 위협적인 국가로 낙인찍는 것은 너무 과장된 이야기다.[38]

"우리(미국)가 중국의 노예가 될 필요는 없다.
그러나 중국의 강대함을 받아들일 줄 알아야 한다.
(……)
그렇지 않으면 미국과 중국 사이에 전쟁이 불가피하게 될 것이다."
- 2017년, 하버드 대학교 케네디 스쿨 그레이엄 앨리슨 교수 [1] -

# PART 3

# 패권 전쟁의 역사

# 강대국은 어떻게
# 부상하는가?

## 역사의 거울

                         PART 2의 마지막
부분에서는 예시를 들어서 중국의 강대함이 미국을 위협한다
는 그레이엄 앨리슨의 주장이 지나친 과장임을 지적했다. 중국
은 규모가 크지만 본질적으로는 개발도상국이며, 장차 선진국
으로 도약하려면 아직 갈 길이 멀다. 아편전쟁 당시의 굴욕에
서 완전히 벗어난 것도 대단한데, 나아가 강대국으로까지 성장
했다. 그러나 중국이 글로벌 무대에서 미국과 견줄 정도로 경
쟁에 유리한 위상을 갖춘 것은 아니다. 그런데 미국의 반응은
스파르타가 아테네의 부상에 대처하는 것과 같다.

물론 중국 경제는 앞으로 계속 발전할 것이며 기술은 계속 진보할 것이다. 핵심기술을 개발하여 국제적으로 유명한 브랜드를 육성할 것이다. 어쩌면 미래의 어느 시기에 '신대국굴기<sub>新大國崛起</sub>'의 수준에 도달할 수도 있다. 그래서 여기에서는 멀지 않은 미래에 중국이 정말 굴기하여 초강대국으로 성장했을 때 국제 사회에 어떤 상황이 벌어질지 논해보려고 한다.

2006년 중국 중앙 텔레비전 방송국CCTV 경제 채널은 12편에 걸친 다큐멘터리 〈대국굴기〉를 방영하고 포르투갈, 스페인, 네덜란드, 영국, 프랑스, 독일, 러시아, 일본, 미국, 총 9개국이 잇달아 부상하는 과정을 소개했다. 이 다큐멘터리는 대국굴기의 관건이 인구와 국토의 크기에 있는 것이 아니며, 사상과 문화의 영향력, 국가의 응집력, 기술의 혁신, 합리적인 제도와 국민 교육의 질에 있다는 결론을 내렸다. 이 다큐멘터리는 방영된 후 많은 주목을 받아서, 중국에서 재방송되었고 책으로 출간되었을 뿐 아니라 한국 텔레비전에서도 방영되었다.

〈대국굴기〉다큐멘터리에서는 해설을 통해 이렇게 주장했다. "과거를 간과하는 자는 미래의 노정에서 마음의 준비가 부족하여 황급히 대처한다. (……) 우리가 할 일은 오직 한 가지, 역사가 미래의 노정을 비추게 하는 것이다." 비록 중국을 언급하지는 않았지만 프로그램 제작자의 숨은 의도를 알 수 있다. 즉 중국이 장차 대국으로 성장할 것이므로 다른 나라의 흥망성쇠에 얽힌 인과관계를 알고, 이를 거울로 삼아야 한다는 것이다.

이 다큐멘터리는 역사상 세계 강대국의 부흥과 쇠락의 순서에 따라 제작했으며, 지리적 대발견의 선구자 포르투갈부터 스페인, 네덜란드, 영국으로 해상 패권을 움켜쥔 국가의 순서를 따라가고 있다. 이어서 유럽 대륙의 프랑스와 독일의 굴기, 동아시아에 위치한 일본의 유신과 격변, 러시아의 혁명과 산업화, 내전을 거치며 강대해진 미국으로 이어진다. 기본적으로 이 다큐멘터리에서 말하고자 하는 것은 한때 세계 무대에서 패권을 잡은 적이 있거나 현재 패권을 움켜쥔 서구 국가와 아시아 국가를 거론하면서 강국이 부상과 쇠망의 길을 거쳐 후발주자들에게 자리를 내주는 과정이다.

이 다큐멘터리 시리즈 전편을 통해 관찰할 수 있는 일관적인 규칙은 대국의 부상과 쇠락의 과정에 피비린내 나는 전쟁을 수반하지 않은 경우가 거의 없다는 것이다.

지리적 대발견부터 산업혁명에 이르기까지, 당시 시대 배경에서 주류를 차지한 사조는 중상주의重商主義, Mercantilism였다. 국가의 무력, 산업정책, 경제력, 부富가 사위일체四位一體를 형성함으로써, 국가는 산업정책을 통해 국내 산업을 육성하고 경제력과 무력이 발전하도록 지원하고 대외무역 통로와 대외 식민지를 개척하며, 나아가 부를 축적하고 세계 강국으로 발돋움하는 것이다.

중상주의가 성행했던 시기는 영국에 산업혁명이 발생하기 300년 전이다. 오늘날까지 서구 경제 발전의 주류를 형성하는 이론으로는 중상주의의 성행을 설명하기 어렵다. 초기의 주류 이론은 영국의 경제학자 애덤 스미스<sub>Adam Smith</sub>의 《국부론》[2]을 계승했으나, 이 이론에서는 경제 발전의 근원은 국내 자유시장을 국제 무역으로 확대하는 것이며, 이에 따라 국가는 경제 발전에서 수동적이고 미세한 역할만 해야 한다고 여겨졌다. 그러나 훗날 중요한 비주류 이론이 등장했는데, 경제사를 세심하게 인식하여 국가 정책의 중요성을 재발견한다는 내용이었다.

이 비주류 이론은 가장 먼저 산업혁명을 일으킨 것으로 알려진 영국 방직업을 포함해 어떤 국가의 산업도 자연히 생성된 것은 아니며, 국가가 산업정책과 식민정책을 이용해 고심하여 양성한 결과라는 것이다. 나아가 (대다수 상황에서는 무력을 이용해서) 국제시장에 진출하여 해당 국가가 비약적인 경제 발전을 이룩하여 대국으로 부상한다고 지적했다. 따라서 이 비주류 이론에서는 국가 역량의 발전 과정에 두 가지 핵심 요소가 있다고 본다. 첫 번째 요소는 산업정책이고, 두 번째 요소는 무력이다.

# 서구 국가들의
# 초창기 산업정책

## 선진국은 왜 '사다리를 걷어찰까'?

국가의 역할을 중

요하게 생각하는 경제 사조는 오늘날 자유학파의 경제학 주류

가 아니다. 그러나 당시 각 대국이 부상하는 과정에서는 주류

중의 주류를 차지했다.

국가의 역할을 중요하게 생각하는 학자들 중 중량급 인물로

영국 케임브리지 대학교의 한국 학자 장하준張夏準, Ha-Joon Chang이

있다. 장하준이 저술한 책 중《사다리 걷어차기》는 중국어로

《부국의 함정: 선진국은 왜 사다리를 걷어차는가?富國陷阱: 發達國家

爲何踢開梯子?》³로 번역되었다. 그는 이 책에서 산업혁명을 최초로

일으킨 영국을 포함한 모든 서구 국가들이 산업정책을 광범위하게 사용한 적이 있다고 지적했다. 즉 시장에 인위적으로 개입하는 방법을 통해 신흥산업을 육성하고 성장을 촉진함으로써 신흥산업이 일정 규모의 수익을 내고 경쟁력을 갖추게 한 후 세계 시장에 진출했다는 것이다.

'사다리 걷어차기kicking away the ladder'는 사실 독일의 경제학자 프리드리히 리스트Friedrich List, 1789~1846[4]가 가장 먼저 사용한 용어다. 영국은 발전 초기에 네덜란드 등 선진국을 따라잡기 위해 수많은 산업보호정책을 사용했는데, 이런 정책들이 곧 '사다리'였다. 영국은 이 사다리를 이용하여 꼭대기에 올라 산업혁명을 일으켰으며, 영국의 제품이 세계에서 무적의 수준에 이르자 세계를 향해 이렇게 선포한다. "과거에 행한 모든 것은 잘못되었으며, 자유무역을 시행하는 것이 옳다. 따라서 모든 국가는 보호정책을 버리고 자유무역을 시행해야 한다."

당시 독일은 영국에 비하면 낙후된 편이었다. 따라서 프리드리히 리스트는 선진국 영국이 보호주의를 사용했으며, 경제 발전에 성공한 후에는 사다리를 치워버려 다른 국가들이 자신들과 같은 방법으로 경제를 발전시키는 것을 막았다고 표현했다.

후발주자 독일은 당시 많은 산업정책을 채택했다. 특히 국가 역량으로 은행을 연합하여 전략 산업에 거액의 대출을 제공하

게 했으며, 이는 당시 독일 경제를 일으킨 핵심 요소 중 하나
였다.

## 보호주의로 공업화 기반을 닦은 영국

장하준은 일반적으로 영국은 자유경제의 전형을 보여주는 국
가로 정부의 개입 없이 자발적으로 성장한 것으로 인식되지만
사실은 전혀 다르다고 주장했다.[5] 실상은 어땠을까?

영국은 17세기 이전만 해도 다른 유럽 국가에 비해 상당히
낙후되었으며, 주로 양모 수출에 의존해 외화 수입을 창출했
다. 1327~1377년에 영국 왕위에 재임했던 에드워드 3세<sub>Edward III</sub>
는 영국에서 양모원료 제조업의 발전을 생각해낸 첫 번째 왕이
다. 당시 영국의 야생 양모는 대부분 오늘날의 네덜란드와 벨
기에로 수출되었다. 이 나라들은 활성단층대에 속하기 때문에
해수면보다 낮은 지역이 많다.

당시 네덜란드와 벨기에는 영국보다 번영한 선진국이었다.
영국의 에드워드 3세는 이 지역으로부터 양모의 편직 기술자
를 데려온 후 국가가 가공하지 않은 양모 원피의 무역을 총괄
하고 양모 원료의 수입을 금지했다. 에드워드 3세의 뒤를 이
어 왕위에 오른 영국 왕들은 대체로 그의 정책을 계승했으며,
특히 헨리 7세<sub>Henry VII</sub>(1485~1509년 재위)와 엘리자베스 1세<sub>Elizabeth I</sub>

(1558~1603년 재위)는 영국을 단순한 양모 원피 수출국에서 세계적 양모 제조업 국가로 변화시켰다. 헨리 7세는 팀을 조직하여 영국의 어떤 지역이 양모 제조에 적합한지 조사하게 했으며, 네덜란드와 벨기에의 금지령을 어기고 이 국가들의 기술자를 은밀히 빼내왔으며, 양모 원피 수출세를 큰 폭으로 인상하고 한때 양모 원피의 수출을 전면 금지하기도 했다.

영국 양모 제조업의 구축 과정은 매우 긴 시간이 소요되기 때문에 하루아침에 성과를 낼 수는 없었다. 영국은 양모 제조업을 완전히 구축하지 않은 상황일 때는 나중에 양모 원피의 수출 규제를 완화했다. 그렇게 하지 않으면 영국의 양모 원피 생산량이 너무 많아 국내의 제조업만으로는 물량을 다 소화할 수 없었기 때문이다.

1587년이 되자 영국은 양모 제조업이 충분히 발전하여 국제적 경쟁력을 갖추게 되었다. 영국은 양모 원피의 수출을 전면 금지했고, 이에 따라 네덜란드와 벨기에의 양모 제조업은 완전히 몰락하게 되었다. 따라서 이른바 '유치산업infant industries'의 보호가 없었다면, 즉 헨리 7세와 엘리자베스 1세가 채택한 보호 정책이 없었다면 영국은 첫 번째 단계에서 공업화에 성공하기 어려웠을 것이다.

조지 1세George I(1714~1727년 재위) 때에 와서는 본격적인 제조업 부양 정책을 실시하여 당시 영국 총리 로버트 월폴<sub>Sir Robert</sub> <sub>Walpole</sub>(1676~1745년)이 일련의 입법을 추진했다. 이 단계 이전에는 영국 경제 정책의 주요 목표가 무역 기회를 포착하고 식민지를 쟁탈하는 것이었으며, 이를 통해 더 많은 정부 수입을 올릴 수 있었다. 양모 공업의 발전은 비교적 특수한 사례였다. 그러나 1721년 정책을 바꿔서 양모 제조업에만 그치지 않고 제조업을 전면 육성하기로 한 것이다.

국회에서 새로운 입법을 소개할 때 조지 1세는 외국 원료를 수입하여 이를 이용해 수출품을 제조하는 것이 공공복지 증진에 가장 효과적인 방법임을 분명히 밝혔다.

1721년과 그 후 진행된 일련의 입법으로 채택한 정책은 다음과 같다.

첫째, 제조업에서 사용하는 원료의 관세를 인하하며, 일부는 심지어 제로 관세를 실시한다.

둘째, 기존에 실시한 수출환급세 제도, 즉 수출업체가 수입품 사용 시 부담하던 관세를 일부 및 전부 환급해주는 제도는 계속 유효하며, 환급세의 비율을 확대한다.

셋째, 모든 제조 상품의 수출세를 폐지한다.

넷째, 제조업 제품의 수입 관세를 모두 인상한다.

다섯째, 수출에 대한 기존의 보조금을 지속하되, 방직품, 화약을 포함하여 새로운 항목을 추가한다. 이밖에 캔버스와 정제 당에 대한 수출 보조금을 추가한다.

여섯째, 과다 경쟁으로 질이 낮은 제품이 수출되어 영국 제품의 명성을 해치는 것을 방지하기 위해 영국 정부는 규범을 정해 제조업 수출품의 품질을 관리한다. 특히 방직품의 품질 관리를 강화한다.

이러한 정책들은 사실 전후 동아시아의 낙후된 경제 주체들이 채택한 산업발전 전략으로, 일본, 한국, 대만의 정책 내용과 거의 일치한다.

18세기 후반에 영국은 산업혁명을 일으켜 제조 기술에서 선두 위치를 차지했다. 그러나 영국은 19세기 중엽까지 공업보호 정책을 지속했다. 다시 말해 영국은 기술 우위를 분명히 확보하여 세계 무대에 적수가 없을 시기에 와서야 자신들의 보호주의를 수정한 것이다.

## 엄격한 관세 보호정책으로 가장 빠르게 성장한 미국

독일의 프리드리히 리스트가 지적했듯이 영국은 유치산업 보호정책을 성공적으로 추진한 첫 번째 국가다. 그러나 이 정책을 가장 강력하게 사용한 나라는 미국이다. 유명한 경제역사학자 폴 베이로크[6]가 미국을 "현대 보호무역주의의 본산이자 철옹성"이라고 한 것도 무리는 아니다.

사실상 보호주의 전략을 공식적으로 선언한 사람은 미국 헌법 초안인 중 한 명이며 초대 재무장관을 지낸 알렉산더 해밀턴Alexander Hamilton이다. 그는 '유치산업'이라는 용어를 고안했으며, 1791년에 '제조업에 관한 재무부 보고서'를 발표하여 보호주의를 분명히 주장했다. 프리드리히 리스트는 유치산업 보호를 최초로 제창한 사람이 아니다. 첫 주자는 당연히 알렉산더 해밀턴이다.

장하준의 책에 따르면, 프리드리히 리스트는 원래 자유무역을 주장했다가 미국으로 망명한 기간(1825~1830년)에 비로소 유치산업을 보호하는 학자로 변신했다고 한다. 프리드리히 리스트는 미국에 있을 때 알렉산더 해밀턴과 미국 정치경제학의 시조인 다니엘 레이몬드Daniel Raymond에게 지대한 영향을 받았다.

알렉산더 해밀턴은 자신의 보고서에서 초기 손실을 정부가 보완해주지 않으면 미국이 미래에 국제 경쟁력을 갖춘 산업을 육성하는 것이 힘들 것이라고 지적했다. 손실을 보상하는 방법은 관세를 부과하거나 심지어 수입을 금지하는 것이었다.

당시 미국은 내부적으로 문제가 있었다. 제조업 위주의 북부는 관세를 통해 자신들의 산업을 보호해주기를 희망했고, 농업 위주의 남부는 농산물을 수출하고 제조업 제품을 수입했기 때문에 관세에 반대했다. 북부와 남부가 서로 다른 입장차로 갈등하던 상황에서 1789년에 최초로 전국적 관세정책이 시행되었다. 당시 세율을 5퍼센트로 일괄 부과했으며 상당히 낮은 편이었다.

1812년 미국은 영국과 전쟁을 벌일 때 평균 관세율을 12.5퍼센트로 인상했다. 그러나 상황은 1816년에 중대한 변화를 맞는다. 거의 모든 제조업 제품의 수입 관세를 35퍼센트로 인상함으로써 알렉산더 해밀턴의 제안이 이때부터 비로소 실행되기 시작했다. 농업 위주의 남부는 이 조치가 자신들에게 매우 불리하다는 것을 깨닫고 반대했으나 그들의 주장은 받아들여지지 않았다.

1824년, 미국은 심지어 해당 관세를 추가로 인상했다. 1832년 제조업 제품의 평균 관세는 이미 40퍼센트에 달했으며, 양모 제품에 대한 관세는 40~45퍼센트, 기타 방직품은 약 50퍼센트에 달했다. 남부와 북부가 자신들의 주장을 관철할 때마다 관세의 인상과 인하가 되풀이되었다. 그러나 어떻게 변화하든 다른 나라에 비해 상대적으로 높은 수준이었다(다음의 표 참조).

장하준은 사실 관세가 미국 남북전쟁을 초래한 중요한 요소였다고 지적한다. 사람들은 노예해방 여부가 중요한 요소라고 믿고 있지만, 사실상 링컨 자신은 노예제도의 강제성 폐지를

선진국 초기 발전 단계의 제조업 제품 평균세율

(단위: 가중평균, 가치 백분율)

| | 1820년 | 1875년 | 1913년 | 1925년 | 1931년 | 1950년 |
|---|---|---|---|---|---|---|
| 오스트리아[1] | R[2] | 15-20 | 18 | 16 | 24 | 18 |
| 벨기에[3] | 6-8 | 9-10 | 9 | 15 | 14 | 11 |
| 덴마크 | 25-35 | 15-20 | 14 | 10 | n.a.[4] | 3 |
| 프랑스 | R | 12-15 | 20 | 21 | 30 | 18 |
| 독일[5] | 8-12 | 4-6 | 13 | 20 | 21 | 26 |
| 이탈리아 | n.a. | 8-10 | 18 | 22 | 46 | 25 |
| 일본[6] | R | 5 | 30 | n.a. | n.a. | n.a. |
| 네덜란드 | 6-8 | 3-5 | 4 | 6 | n.a. | 11 |
| 러시아 | R | 15-20 | 84 | R | R | R |
| 스페인 | R | 15-20 | 41 | 41 | 63 | n.a. |
| 스웨덴 | R | 3-5 | 20 | 16 | 21 | 9 |
| 스위스 | 8-12 | 4-6 | 9 | 14 | 19 | n.a. |
| 영국 | 45-55 | 0 | 0 | 5 | n.a. | 23 |
| 미국 | 35-45 | 40-50 | 44 | 37 | 48 | 14 |

출처: Bairoch(1993), p.40, table 3.3

주: 1. 오스트리아: 1925년 이전의 오스트리아 헝가리 제국
2. R=제조업 제품 수입에 대한 중요한 제약(할당제나 수입 금지 등)이 많아서, 평균 관세율이 의의가 없음
3. 벨기에, 네덜란드: 1820년, 벨기에와 네덜란드가 연합했다.
4. 숫자가 없음.
5. 독일: 1820년의 숫자는 프로이센에만 적용한다.
6. 일본: 1911년 이전에 일본은 서구 국가와 '불평등 조약'을 체결하고 낮은 관세율(5퍼센트) 유지를 강요당했다.

내세운 적이 없으며, 그 역시 흑인[7]의 투표권에 반대했다고 장하준은 지적했다. 남북전쟁 이전에 링컨은 남부를 미국 영토에 포함시킬 수 있다면 노예제도를 유지해도 무방하다는 뜻을 밝혔다.

링컨에게는 보호정책을 믿는 근거가 있었다. 링컨은 정치 생애 내내 원래 보호정책을 주장하는 휘그당Whig Party[8] 소속이었으며, 휘그당을 창당한 헨리 클레이Henry Clay[9]의 충성스러운 지지자였다. 헨리 클레이는 미국 제도American System의 제정을 공개적으로 주장했는데, 그 핵심은 유치산업 보호와 인프라 건설을 통해 영국Great Britain의 자유무역제도에 맞서려는 데 있었다. 링컨은 이 정책의 충실한 지지자였다.

남북전쟁(1861~1865년)이 발발한 후 재정 수입이 필요해지자 관세는 더욱 인상되었다. 1864년이 되자 미국의 관세는 신기록을 돌파했다. 북부가 내전에서 승리를 거둔 후 이 관세는 대부분 유지되었으며, 이에 따라 미국은 당시 세계에서 가장 강력한 보호관세정책의 시행 국가가 되었다. 관세 보호가 가장 강력한 그 시기에 미국은 세계에서 성장이 가장 빠른 국가가 되었으며, 19세기 제2차 세계대전이 발발하기 직전까지 이런 정책이 지속되었다. 제2차 세계대전이 끝난 후 미국의 산업 경쟁력이 세계에서 적수를 찾을 수 없을 정도로 우위를 차지했을 때, 미국은 비로소 자유무역으로 방향을 선회했다. 그럼에도 불구하고 미국은 영국이 1860년부터 1932년까지 실시한 것과 같은 자유무역정책은 실시하지 않았으며, 수입품이 국내 산업을 위협할 때 보호조치를 취했다. 가령 일본 및 기타 국가의 방직품과 경쟁이 벌어졌을 때 미국은 수입 할당제를 추진했으며, 수입 자동차가 국내 자동차 산업을 위협하자 상대 국가에 자발적인 수출 제한을 촉구하는 보호정책을 실시했다.

한편으로는 국가 역량을 이용해 산업 발전을 지지하기도 했다. 1862년 제정한 토지공여대학법Morrill Land-Grant Colleges Acts[10]부터 시작해서 미국은 정부의 역량을 이용해 농업과 기술 연구를 지지했다. 19세기 하반기부터는 대규모 자금을 투입하여 공공교육정책을 추진했다.

이밖에 교통 인프라 건설을 추진하여 철도 기업에 보조금을 지급하거나 토지를 무상으로 기여함으로써 그들이 미국에서 철도망을 건설하도록 했다. 국방산업을 육성할 때도 민간산업 부양의 목적이 있어서 많은 국방산업 계획을 민간에 이전함으로써 민간 기업의 경쟁력을 갖추는 계기를 마련했다. 또 미국의 국립보건원National Institute of Health은 국가 예산으로 약물과 바이오 기술 분야의 연구를 지원했다.

# 중상주의와 무력

**영국의 항해법으로 촉발된 영국-네덜란드 전쟁**

경제발전학에서 신자유주의파는 시장과 무역의 자유화를 주장하며 국가 역량이 개입하지 않아야 산업이 자유롭게 발전하고 성장한다고 주장했다. 이 이론이 사실이라면 자유무역이 선행되고 나서 산업혁명이 진행되었어야 한다. 그러나 실제로는 보호주의가 먼저 시행되었고 이어서 산업혁명과 산업발전이 진행되었으며, 마지막에 비로소 자유무역에 진입했다. 앞에서 언급한 영국과 미국의 사례가 바로 그렇다.

자유경제학파들이 경제발전이론을 펴는 데 가장 큰 어려움은 중상주의(보호주의를 골자로 함)가 산업혁명 이전에 대두한 이유를 설명하지 못한다는 점에 있다. 이러한 논리 추론상의 중대한 결함을 감추기 위해, 그들은 중상주의를 역사의 '우연' 또는 '잠시 정상을 벗어난 상태'로 설명하는 경향을 보였다. 그러나 사례를 보면 중상주의는 결코 종이 호랑이가 아니라 날카로운 이빨을 지녔음을 알 수 있다. 영국 중상주의를 대표하는 가장 획기적인 사건은 '항해법航海法, Navigation Acts[11]'의 제정이었다. 그 주요 규정은 다음과 같다.

첫째, 영국 및 그 식민지가 보유한 선박만 영국 및 그 식민지의 화물을 운반할 수 있다.

둘째, 아시아, 아프리카, 미국에서 영국에 수입하는 상품은 영국 및 그 식민지가 보유한 선박으로만 운반할 수 있다. 유럽에서 수입하는 상품은 원산지 국가의 선박, 또는 제3의 최종 수입국 선박으로 옮겨서 운송하는 경우 외에는 모두 영국 선박으로 운송한다.

셋째, 담배, 설탕, 면화, 모피 등 정부가 지정한 특정 식민지 제품은 영국 본토 및 기타 영국 식민지로만 운송을 허용한다.

넷째, 기타 국가의 제조 상품은 반드시 영국 본토를 경유해야 하며, 식민지에 직접 판매해서는 안 된다.

다섯째, 영국 본토와 경쟁하는 제품을 식민지에서 생산하는 것을 규제하며, 방직품 등이 이 규제에 해당한다.[12]

'항해법'에서는 네덜란드를 직접 언급하지 않았으나 4번째 항목까지는 네덜란드를 겨냥한 규정이었다. 당시 네덜란드는 유럽 전체의 해상운송 중심지, 화물운송 중심지이자 제조의 중심지로, 영국보다 앞서 있었다. 네덜란드는 국토가 작지만 자국 선박을 이용해 다른 나라의 원료를 가져와 제조 상품으로 가공하여 해당 국가의 선박을 이용해 전 세계로 수출했다. 일부 상품은 직접 중계운송함으로써 네덜란드는 집산 중심지와 화물발송창고 역할을 하고 있었다. 1660년 네덜란드 주재 영국 공사 윌리엄 템플Sir William Temple은 네덜란드를 이렇게 묘사했다.

"네덜란드 공화국의 부유함은 본토의 생산에서 비롯되는 것이 아니라 공업 역량을 통해 타국에서 생산한 원료로 공업 제품을 가공해 제조한 후 각지 시장에 공급함으로써 유럽 전역의 집산지가 된 덕분이다. 이밖에 '전 세계의 운송자'라는 이름에 걸맞는 네덜란드의 해운업도 큰 역할을 하고 있다.[13]"

당시 영국의 대다수 상품이 유통되는 집산지는 네덜란드였다. 먼저 원료를 네덜란드로 운송하여 가공한 후 다른 나라로 운반했다. 영국은 네덜란드에서 운송을 독점하고 있는 상황을 타개하려면 영국 함대를 이용하여 영국이 통제할 수 있는 범위 내에서 영국 선박이 물품을 운송하도록 규정해야 한다고 판단했다.

자유경제학파들은 '항해법'을 어떻게 해석할지 난감해 한다. 그들은 항해법이 선언에 불과하며 정작 실행되지는 않았고, 밀수 행위가 횡행했다는 식의 주장만 되풀이할 뿐이다. 그러나 역사적 사실을 놓고 볼 때, '항해법'이 실행되지 않았다면 이 법이 발표된 후 네덜란드와 영국이 무엇 때문에 세 차례에 걸친 전쟁을 벌였겠는가? 당연히 영국이 네덜란드 해상운송의 독점권을 침범했기 때문에 무력충돌이 일어난 것이다.

영국-네덜란드 전쟁은 총 3회에 걸쳐 일어났으며, 각각 제1차, 제2차, 제3차 영국-네덜란드 전쟁이라고 한다. 제1차 영국-네덜란드 전쟁은 1652년에 발발했고, 주로 영국 해협, 북

영란해전: 1666년 6월(The 'Royal Prince' and other Vessels at the Four Days Battle, 1-4 June 1666)

출처: https://commons.wikimedia.org/wiki/File:Storck,_Four_Days_Battle.jpg

해, 이탈리아 반도에서 전투가 전개되었다. 결국 네덜란드 군이 패했으며 양국은 1654년 '웨스트민스터 조약Treaty of Westminster'을 체결하고 네덜란드가 패배를 인정하고 '항해법'을 받아들였다.

제2차 영국-네덜란드 전쟁은 1665년에 일어났으며, 주로 영국 해협, 북해, 뉴암스테르담New Amsterdam에서 격전을 벌였다. 네덜란드군이 최종 승리를 거뒀으며 양측은 1667년 '브레다 조약Treaty of Breda'을 체결했다. 제3차 영국-네덜란드 전쟁은 1672년에 일어났다. 주로 영국 해협과 북해에서 격전을 벌였으며, 네덜란드의 승리로 끝났다. 이후 영국 왕은 국회의 압박하에 1674년 네덜란드와 평화조약을 체결하고 영국이 네덜란드의 일부 식민지와 무역 특권을 가져오는 조건으로 네덜란드에 20만 파운드를 보상하기로 했다.

영국 국내시장의 자유화와 혁신적 상업화는 애덤 스미스의 말대로 민간 기업가가 성장할 수 있는 원천이 된 것은 분명하다. 그러나 당시 강력한 정부의 산업육성정책이 없거나 심지어 무력으로 영국의 경제력을 개척하지 않았다면 영국이 최초로 산업혁명을 일으킬 수 있었을지는 의문이다.

사실 몇 가지 수치만 봐도 각국 정부가 경제 발전에서 중요한 역할을 한다는 사실을 알 수 있다. 영국에서 산업혁명이 발생했을 때 영국은 총소득에서 세수가 차지하는 비율과 1,000명당 조세관리의 수가 유럽 전역에서 가장 앞서 있었다. 재정과 국가 행정 면에서 영국은 유럽 최대의 정부를 갖고 있었으니, 자유시장과 학자들이 말하는 '작을수록 좋은' 정부와는 거리가 멀었다.

물론 다큐멘터리 〈대국굴기〉와 기타 역사학자들의 주장처럼 영국이 성공한 또 하나의 핵심 요소는 명예혁명이었다. 왕은 더 이상 독재정치를 하지 못하고 귀족(의회)과 권력을 공유해야 했다. 권력의 분할은 의회의 표결을 거치면 전국적으로 공감대를 갖춘다는 것을 의미했다. 의회에서 국왕과 의회의 당파들 간에 의견이 일치하지 않을 때도 있다. 그러나 의회에서 표결된 이상 전국적인 공감대를 이룬 것이므로, 정책이 통과한 후 정책을 실질적으로 추진하고 집행할 때 전국에서 한마음으로 추진할 수 있어서 역량이 강화되었다. 반면 유럽의 다른 국가들은 왕권이 집중되어 표면적으로는 왕권이 강력한 듯 보이지만 각지의 귀족들이 각자 강력한 세력을 갖고 있었기 때문에 국왕의 명령은 왕궁 밖에서 그 위력을 발휘하기 어려웠다.

영국이 네덜란드의 뒤를 이어 새로운 대국으로 부상한 데는 여러 요소가 있었지만, 그중 간과할 수 없는 요소는 무력과 전쟁이었다. 영국은 전쟁을 통해 네덜란드의 해상 세력을 약화시켰으며, 이에 따라 영국은 네덜란드의 위상을 대체하여 세계에서 새로운 패권 국가로 대두할 수 있었다.

## 강대국과 전쟁의 상관관계

영국 이전에 다른 두 대국의 굴기 과정도 마찬가지였다. 포르투갈은 해상 발견을 통해 제국을 세웠으나 곧이어 스페인을 비롯한 각국의 도발에 직면했다. 다행히 포르투갈과 스페인은 교황이 중재하여 평화조약을 맺었으며, 해외 속령을 분할함으로써 전쟁을 피했다. 그러나 1580~1640년 포르투갈은 병력의 열세로 인해 당시 스페인 국왕 펠리페 2세Felipe II(1556~1598년 재위, 원래 포르투갈 국왕의 친척)[14]가 포르투갈 왕에 즉위하는 것에 동의할 수밖에 없었다. 이로써 펠리페 2세는 포르투갈 펠리페 1세라는 호칭으로 양국을 동시에 통치했다.

펠리페 1세는 거창한 일을 벌여 공을 세우기를 좋아해서 많은 돈을 쏟아 부었다. 그의 재임 기간에 스페인은 수 차례에 걸쳐 파산을 선고했으며, 그의 통치하에 있던 포르투갈도 그 화를 피할 수 없었다. 가혹한 세금을 감당하느라 포르투갈 국민은 빈곤에 허덕였으며, 포르투갈의 함대와 해상방어 능력도 큰 피해를 입었다. 해외의 주요 식민지 중 일부는 영국과 네덜란드의 손에 들어갔으며, 이때부터 포르투갈은 쇠락의 길에 접어들었다.

포르투갈의 뒤를 이어 스페인이 굴기하여 신흥제국이 되었다. 스페인의 최초 발흥은 기본적으로 무력에 의한 것으로, 대표적인 계기는 파비아 전투Battle of Pavia(1525년)[15]와 레판토 해전Battle of Lepanto(1571년)[16]이었다. 스페인의 합스부르크 왕가Habsburg empire[17]는 세계에서 가장 강대한 왕조로 변모하여 세계 최초로 '해가 지지 않는 제국(1521~1643년)'의 호칭을 부여받았다. 스페인의 뒤를 이어 부상한 나라는 네덜란드였다.

네덜란드는 원래 스페인의 속령이었고, 당시 서구 여러 나라는 스페인 합스부르크 왕가의 흥성을 억제하기 위해 연합하여 네덜란드의 독립전쟁을 지원했다. 처음에는 전쟁 상황이 스페인 굴기 시에 일어난 전쟁보다 더 격렬했다. 장기적으로는 1568년부터 1648년 사이에 발발한 80년 전쟁이 있으며, 이는 네덜란드 독립전쟁[18]으로 부르기도 한다. 단기적으로는 1618년부터 1648년까지 지속된 30년 전쟁[19]이 있다. 30년 전쟁 하나만으로도 신성로마제국Holy Roman Empire[20]의 각 연맹국 인구의 약 25~40퍼센트가 소멸했다. 비텐베르크 시Wittenberg(오늘날의 독일 동부) 인구의 4분의 3이 사망하고 실레지아Silesia(지역 명칭으로 대부분 오늘날 폴란드 서남부에 위치) 인구의 4분의 1이 사망했으며, 각 연맹국의 남성 인구 중 거의 절반이 사망하는 등 총 약 600만 명이 사망했다. 결국 합스부르크 왕가가 패배하여 1648년 '웨스트팔리아(베스트팔렌) 평화조약Treaty of Westphalia[21]'을 체결함으로써 전쟁은 끝났다. 네덜란드 공화국은 독립하여 새로운 해상 패권국가로 발전했다.

네덜란드를 이어 영국이 부상하는 과정에서, 영국은 앞서 언급한 3차 영국-네덜란드 전쟁 외에 유명한 전투를 치렀다. 바로 1588년 스페인과 벌인 해전이다. 당시 스페인이 파견한 130척의 함대는 무적함대Armada Invincible라는 이름으로 영국을 침공하고자 했다. 스페인의 계획은 해상 무력을 이용해 네덜란드(당시 스페인의 속령)의 지상 부대와 연합하여 영국을 침공하는 것이었다. 그러나 영국 해군은 수적 열세를 극복하고 화공선으로 진격하여 스페인 무적함대를 대파시켰다. 패배한 스페인 함대는 원래 남쪽으로 퇴진하려고 했으나 바람의 방향이 북풍으로 바뀌면서 방대한 스페인 함대는 바람을 따라 북상하는 수밖에 없었다. 스페인 함대가 최종적으로 그레이트 브리튼 섬과 아일랜드 섬의 서안을 돌아 귀국했을 때 남은 배는 43척에 불과했다.

영국의 뒤를 이어 프랑스가 패권 국가로 부상했으며, 나폴레옹 시대에 절정을 이뤘다. 프랑스는 국내에서 산업혁명이 일어나 국력이 절정에 달했으며, 그들의 거침없는 행보에는 가히 당할 자가 없었다. 그들은 무력으로 유럽 대륙에 있는 거의 모든 국가를 정복하여 강력한 패권국가가 되었다.

프랑스 다음으로는 독일이 부상했다. 독일의 굴기는 영국과 프랑스를 위협했고, 그 결과 두 차례의 세계대전이 발발했다. 제1차 세계대전에서 총 1,300만 명이 사망했으며, 제2차 세계대전에서 총 7,000만 명이 사망했다.

다큐멘터리와 역사 기록을 통해 우리는 중요한 결론을 도출할 수 있다. 즉 제2차 세계대전 이전의 서구 역사에서 대국의 굴기는 통상적으로 전쟁을 유발했으며, 살인무기의 발전과 함께 전쟁의 규모도 점점 커졌으며 사상자의 참상도 점점 참혹해졌다는 것이다.

# 전쟁이 일어나지 않은
# 4건의 사례

## 전쟁이 일어나지 않은 이유

그레이엄 앨리슨은 역사상 일어난 16개의 대국굴기 사례를 들고, 그중 4건의 사례에서만 전쟁이 일어나지 않았다고 했다. 그 내용은 다음의 표와 같다. 전쟁이 일어나지 않은 4건의 사례에는 모두 특별한 원인이 있었다.[22]

전쟁이 일어나지 않은 첫 번째 사례는 포르투갈이 부상했을 때로, 포르투갈은 훗날 스페인에게 해상 패권을 빼앗겼다. 그러나 앞에서 말한 바와 같이 초기에는 교황이 나서서 중재하여 두 나라가 평화롭게 해외에서 세력 범위를 분할했지만 훗날 두

그레이엄 앨리슨이 정리한 신흥대국 굴기 사례

| 번호 | 시기 | 기존 세력 | 신흥 세력 | 결과 |
|---|---|---|---|---|
| 1 | 15세기 말 | 포르투갈 | 스페인 | 전쟁 일어나지 않음 |
| 2 | 16세기 전반기 | 프랑스 | 합스부르크 왕가 | 전쟁 |
| 3 | 16세기~17세기 | 합스부르크 왕가 | 오스만 제국 | 전쟁 |
| 4 | 17세기 전반기 | 합스부르크 왕가 | 스웨덴 | 전쟁 |
| 5 | 17세기 중후반기 | 네덜란드 | 영국 | 전쟁 |
| 6 | 17세기 말~<br>18세기 중반기 | 프랑스 | 영국 | 전쟁 |
| 7 | 18세기 말과<br>19세기 초 | 영국 | 프랑스 | 전쟁 |
| 8 | 19세기 중반기 | 프랑스와 영국 | 러시아 | 전쟁 |
| 9 | 19세기 중반기 | 프랑스 | 독일 | 전쟁 |
| 10 | 19세기 말과<br>20세기 초 | 중국과 러시아 | 일본 | 전쟁 |
| 11 | 20세기 초반기 | 영국 | 미국 | 전쟁 일어나지 않음 |
| 12 | 20세기 초반기 | 영국(프랑스와<br>러시아 지지) | 독일 | 전쟁 |
| 13 | 20세기 중반기 | 소련, 프랑스, 영국 | 독일 | 전쟁 |
| 14 | 20세기 중반기 | 미국 | 일본 | 전쟁 |
| 15 | 1940년대~<br>1980년대 | 미국 | 소련 | 전쟁 일어나지 않음 |
| 16 | 1990년대~현재 | 영국과 프랑스 | 독일 | 전쟁 일어나지 않음 |

출처: Allison(2017)

나라 사이에는 왕위 계승을 둘러싼 충돌이 발생했다. 스페인
펠리페 2세는 무력을 앞세우고 포르투갈에 진입하여 포르투갈
의 왕이 되었다.

전쟁이 일어나지 않은 두 번째 사례는 20세기 초 미국이 부상하여 영국의 지위를 앗아간 경우다(앞 페이지 표의 11번). 당시 전쟁이 일어나지 않은 것은 독일의 부상에 대응하기 위해 영국이 두 차례의 세계대전을 치르느라 국력이 쇠진했기 때문이다. 게다가 미국은 두 차례의 세계대전에서 영국을 지원했으며, 제2차 세계대전에서는 그 도움이 더욱 두드러졌다. 이런 상황에서 영국이 미국의 부상을 어떻게 저지할 수 있었겠는가? 따라서 이는 전쟁의 발발을 피할 수 있었던 특별한 사례일 뿐 일반적인 상황은 아니다.

세 번째는 앞의 표에서 15번 사례로, 비록 전쟁은 일어나지 않았으나 반세기에 걸친 냉전이 펼쳐졌다. 그 후 소련은 경제적 어려움으로 핵무기 경쟁을 지탱할 수 없었으며, 1985년 소비에트 연방 공산당 서기장에 선출된 고르바초프가 추진한 개혁 과정에서 소련 자체가 해체되었으니 싸워보지도 않고 패한 셈이 되었다.

전쟁이 일어나지 않은 또 하나의 이유는 핵무기의 존재다. 표의 14번 이전에는 인류에게 핵무기가 없었으며, 15번과 16번 시대에는 핵무기가 등장하여 전쟁은 더 이상 지상에서 총포와 탄약으로 해결할 수 있는 문제가 아니게 되었다.

그럼에도 불구하고 핵전쟁이 일어날 가능성은 당시에도 존재했다. 가령 1962년의 쿠바 미사일 위기와 그로부터 2년 후 미국이 제정했으나 이행은 하지 않은 '단일통합작전계획SIOP, Single Integrated Operational Plan(최근에 관련 자료의 기밀이 해제되었음)'이 그 것이다. '단일통합작전계획'은 존슨Lyndon Johnson 대통령 재임 시 기에 미 국방부가 제정한 것으로, 핵무기와 상규 군사목표를 겨냥하고 도시와 산업목표에 대해 선제공격과 보복성 핵공격 을 위한 계획이었다. 이 계획의 목적은 소련을 '주요 공업대국' 에서 '유지가 불가능한' 사회로 만드는 것이었다. 조지 워싱턴 대학교의 국가안보 프로젝트는 이른바 '강제 기밀해제심사' 규 정을 통해 이 문건들을 취득했다. 이 계획에 따르면 소련의 도 시 지역과 공업 중심 지역이 미국 핵공격의 목표였다.

이 문건을 확인해보면 당시 미국은 중국의 30개 주요 도시에 핵공격을 가해서 중국 도시 인구의 30퍼센트를 사라지게 하겠 다는 계획도 세웠으며, 소련과 중국 두 나라의 "사회를 철저히 파괴한다"는 목적이 있었다. 비록 핵공격으로 예상되는 사상 자 수를 구체적으로 제시하지는 않았지만, 1961년 당시 이 '단 일통합작전계획'이 발동할 경우 러시아 도시 인구의 71퍼센트, 중국 도시 인구의 53퍼센트가 사라질 것으로 생각했다. 1962년 에는 군사와 도시, 공업 지역을 목표로 '미국이 경고 없는 공격 을 발동'할 경우, 소련 인구 7,000만 명이 사망할 것이라는 예

측이 나왔다.[23]

전쟁이 일어나지 않은 네 번째 사례는 1990년 독일 통일부터 지금까지로, 독일이 부상했으나 전쟁은 일어나지 않았다. 역사에서 교훈을 얻는다는 관점에서 볼 때 이는 가장 귀감이 되는 사례가 될 것이다. 유럽의 독일과 프랑스는 수백 년간 적대적 관계를 지속했으나 제2차 세계대전 종식 후 '파리조약'을 통해 프랑스 외무부 장관이 제의하고 독일 총리가 동의하여 "회원 국가는 관세를 내지 않고 석탄과 철강의 생산원료를 직접 구할 수 있다"는 조항을 삽입한 '유럽석탄철강공동체European Coal and Steel Community'가 출범했다.[24] 회원국의 정부는 각자의 주권 일부를 최초로 포기하고 회원국을 초월한 기구에 이를 이관했다. 석탄과 철강이라는 중요한 전쟁 물자를 공동 관리하여 상호견제를 꾀하며, 이를 통해 유럽의 평화를 보장하고 제2차 세계대전 이후 필요한 주요 생산원료를 확보한다는 것이 주요 목표였다.

훗날 유럽의 통합은 경제 분야에서 통치 분야로 확산되었다. 1991년 네덜란드에서 '마스트리히트 조약Treaty of Maastricht[25]'을 체결함으로써 유럽 공동체가 정치 연맹과 경제 및 통화 연맹을 구축하기 위한 목표와 절차를 확립했다. 2009년에는 '리스본 조약Treaty of Lisbon[26]'을 체결하고 공동체를 유럽 연맹EU으로 개명하고 공동 통치구조를 더욱 확고히 했다.

## 더 활발한 교류의 필요성

유럽 통합의 모델을 볼 때, 미중 양국이 평화롭게 공존하려면 더욱 활발한 교류와 무역을 진행함으로써 양국이 전쟁을 할 마음이 없어질 정도가 되어야 할 것이다.

'교류'에 관해서는 미국의 전임 국방장관 제임스 매티스의 말이 눈길을 끈다. 그는 2017년 상원에서 열린 임명 청문회에서 미중관계에 관한 생각을 다음과 같이 밝혔다.

"우리가 마땅히 할 일은, 외교적으로 교류하고 연합의 관점에서 교류하고 경제적으로 교류하면서 아주 강력한 군사력을 유지함으로써, 신흥 세력을 상대할 때 우리 외교관이 항상 유리한 위치에서 교류할 수 있게 하는 것이다.[27]"

제임스 매티스는 지혜로운 장군으로 많은 면에서 깊이 있는 생각을 갖고 있었다. 그러나 트럼프는 그를 좋아하지 않았으며, 2018년 말 그를 해고했다. 트럼프의 내각에서 지식과 이성을 겸비한 관리가 또 한 명 줄어든 것이다.

제임스 매티스 외에도 상당히 많은 사람들이 자신의 저서에서 미국과 중국이 평화롭게 공존하고 구동존이求同存異('서로 다른 점은 인정하면서 공동의 이익을 추구한다'는 뜻으로, 중국의 외교정책을 설명하는 대표적인 사자성어-옮긴이)하며 충돌을 화해로 풀어가고 협력과 교류를 강화해야 한다고 주장했다. 그들의 주장을 정리하면 대체로 다음과 같다.

첫째, 중국이 국제 사회에 융화하려고 시도하는 마당에 그들의 민족주의는 과도하게 해석되었다(Zheng, 1999).

둘째, 미국의 가장 중요한 목표는 중국과 군사적 충돌을 피하여 세계대전의 악몽을 되풀이하지 않는 것이다(Bandow, 2018).

셋째, 미중 양국이 상호 이해와 협력을 증진함으로써 양국의 이익을 창조할 수 있으며, 충돌이 벌어지면 각자 피해만 입을 것이다(Paulson, 2015, 전임 재무장관).

넷째, 미중관계는 결코 제로섬 관계가 아니다. 미국은 중국의 굴기를 저지해서는 안 되며, 협조하여 중국의 발전 방향을 이끌어야 하고, 지역적 혼란을 피하여 양국에게 유리한 국제 협력 관계를 지향해야 한다(Christensen, 2015).

다섯째, 중국은 미국이 정한 규칙에 따라 경제를 발전하는 중이다. 따라서 중국이 발전할수록 상업 분야에서 미국의 리더로서의 지위는 오히려 강화될 것이다(Steinfeld, 2012).

여섯째, 중국 위협론은 잘못 보도된 것이다. 중국은 자본주의하에서 앞으로 15년 후 중산층 인구가 8억 명에 도달할 것이며, 미국 상품에 대해 큰 수요가 생길 것이다(Wang, 2010).[28]

"개혁을 일으키는 가장 직접적 방법은 한 차례의 위기를 조장하여
사람들로 하여금 기존 제도에 불만을 느끼고 개혁을 요구하게 만드는 것이다.
이와 동시에 기존 제도의 기득권자들을 권력의 핵심에서 쫓아내서
개혁이 드러나도록 하는 것이다.
이런 식의 개혁 방식은 1960년대부터 1970년대까지 남미에서 출현했다.
시카고 학파 출신의 경제 자유주의자들이 잇달아 칠레, 우루과이, 러시아에서
'충격 요법'을 실시하여 경제 위기를 일으키고 기존 제도를 변화시켰다.
이 일본 은행 출신 총재들은 그들을 모방하고 싶어 하는 것 같다.
위기를 조성하기 위해 우선 경제 거품을 형성한 후 거품을 터뜨림으로써
사람들을 바닥에서 살게 만든다."
- 2016년, 우자쥔吳嘉駿, 베르너Werner(2013)의 말 인용 -

# PART 4

# 미국과 일본의 무역마찰

# 전쟁 전후 일본의 산업정책

## 전쟁 전의 동원체제

일본은 1920년대
에 자유시장 경제에 속해 있었으나 대공황의 발생으로 이 모
든 것이 변했다. 대공황과 이에 따른 국가와 국가 간의 통화가
치 절하 경쟁, 무역전쟁 및 보호주의의 태동은 일본 경제에 매
우 큰 영향을 미쳤다. 무역은 일본의 생존에 반드시 필요하며,
무역이 막히면 일본은 생존에 위협을 느낀다. 따라서 1920년대
말부터 그들의 사조는 변하기 시작했다.

1929년 뉴욕 증시 폭락으로 유발된 세계 대공황은 세계 주요
국가의 경제에 현저한 영향을 미쳤다. 미국의 GDP는 13퍼센트

하락했으며, 영국의 GDP는 23퍼센트, 독일의 GDP는 12퍼센트 하락했다. 일본도 화를 피하지 못했다. GDP가 거의 10퍼센트 하락하고 도처에서 실업과 빈곤이 속출했다. 이 상황을 해결하기 위해서 일본은 두 가지 행동을 취하기 시작했다.

첫째, 주요 물자의 수입 문제를 서구 국가에 의존하지 않기로 하고(당시 일본의 가장 중요한 수입품은 미국으로부터 운반하는 석탄이었다), "아시아는 아시아인이 통치한다"는 구호를 외쳤다. 일본은 중국을 침략하여 먼저 동북3성(일본은 이곳에 '만주국'을 세웠음)을 손에 넣고, 이어서 화북華北 지방도 점령했다. 그들은 이렇게 함으로써 자급자족이 충분한 내륙 지역을 확보할 수 있다고 여겼다. 이밖에 중국과 전쟁을 벌이기 시작해서 전쟁 시기의 경제 체제를 구축했다.

둘째, 일본은 국가가 경제에 개입하는 것이 중요하다고 생각했으며, 당시 히틀러 통치하의 나치 독일이 빠른 시일 내에 실업을 종결한 점에 주목했다. 또한 당시 대공황의 영향을 거의 받지 않은 국가가 소련이라는 점에도 주목했다. 당시 소련은 정부가 주도하는 공업화를 추진하여 공업을 순조롭게 발전시키고 있었다. 이런 국가들의 사례를 참조하여 일본의 위정자는 경제를 통제하는 노선을 걷기로 했다. 이를 위해 일본은 수많은 법률을 제정했는데, 그중 가장 중요한 것은 1938년 4월에 통과한 '국가총동원법[1]'이었다. 의원들과 기업가들의 반대가 있었으나 고노에 후미마로近衛文麿 총리(호소가와 모리히로細川護熙 총리의 외조부)는 해당 법안을 강경하게 통과시켰다. '국가총동원법'에 따라 정부는 가격 결정권을 갖고 생산, 분배, 소비, 물품 이동, 대외 무역을 통제할 수 있으며, 정부가 관리통제기구를 설립하여 동원정책을 집행할 수 있게 되었다.

1940년 고노에 후미마로 총리는 새로운 금융제도와 재정정책, 노동정책을 포함한 '신 경제질서'를 선언하고, 1937년 10월에 설립한 내각기획원內閣企劃院에서 협조 업무를 진행하기로 했다.[2] 일본의 목적은 소련처럼 정부가 모든 것을 경영하는 공산체제를 만드는 것이 아니었다. 그보다는 정부가 일련의 유도정책을 실시하여 전국의 상공업과 고용자들을 정부가 설정한 전시목표에 협력하도록 끌어들이는 데 있었다.

이 목적을 달성하기 위해 일본은 몇 가지 조치를 취했다. 첫째, 자본주의 체제를 유지하되 이 체제에서 기업이 자본주나 주식 소유자의 말에 좌우되지 않기를 원했다. 따라서 그들은 전문 경영인의 역할을 강화하여 자본가와 주식 소유자의 개입을 억제했다. 전문 경영인은 마치 군대의 일원처럼 관료체계의 지휘를 받았다.

이 제도는 프로이센을 모방한 것이며, 프로이센의 관료제도는 프로이센 군대의 명령체계에서 파생되어 나왔다. 관료의 눈에 이 기업들의 경영인은 그들이 민영기업에 심어 놓은 전사였다. 각종 업계는 이로써 하나의 집중적인 군사지휘체계를 갖추게 되었다. 즉 모든 명령이 상부에서 각 기업으로 하달되어 관철되는 것이다.

그들은 노동자와 기업의 관계를 재정립하여 노동자가 기업을 자신의 가정으로 여기게 만들었다. 그 대가로 기업은 노동자를 종신 고용하여 그들의 직업을 보장해준다. 군대식 명령은 경영자는 물론 모든 노동자에게도 하달되었다. 국가가 강력한 경제를 갖추고 전쟁을 후원한 것이다. 일본은 이러한 명령체계를 통해 전 국민을 동원하여 전시경제를 위해 생산에 뛰어들게 했다.

이 체제를 효과적으로 운영하기 위해 1938년부터 모든 기업에 '산업보국회'를 설치했고 경영인과 피고용인이 공동으로 참여하여 회사의 미래와 발전을 위한 토론을 진행했다. 업종별 노조는 전부 해산되었으며, 모든 노조의 설립을 제한해 특정 공장에만 설립할 수 있게 했다. 이렇게 함으로써 노조가 소속 공장을 압박하려는 동기가 사라졌으며, 오히려 경영인과 협력하여 공장을 확대하고 유지시켜서 자신들의 일자리와 임금을 보장할 수 있도록 노력하게 되었다.

1940년에 발표한 새로운 노동제도는 엄밀히 말해 기업을 더 이상 주주의 재산이 아니라, 기업에서 일하는 사람들로 구성된 하나의 사회조직으로 만들었다. 정부는 법률을 추가로 제정하여 주주에 대한 기업의 배당금이 이익에서 차지하는 비율을 제한함으로써 주식 투자의 매력을 떨어뜨렸다. 이밖에 미쯔이三井 주식회사의 이사장 단 다쿠마團琢磨[3]가 피살된 후 대재벌 가문이 보유한 주식을 대중에 매각하는 현상이 가속화되었다. 이 점이 바로 관료들의 의중에 들어맞았다. 기업에 대한 재벌의 영향력이 줄어들고 주식이 일반 대중에 분산되면 회사 경영에 영향력을 발휘할 수 없기 때문이다.

1943년 10월에는 기존 기업법을 대체할 '군수기업법軍需公司法'을 발표하여 정부 관리가 모든 기업에 한 사람의 경영인을 지정할 수 있다고 규정했다. 경영인은 관리의 말에 복종해야 하며, 주식 소유자의 말을 따를 필요가 없었다. 또한 주주총회에는 경영인의 임명권이 없었다. 1943년 11월 내각에서 경제의 수요공급을 조정하는 내각기획원과 상공성商工省을 군수성軍需省으로 합병하여 모든 물자와 생산의 통제권을 장악했다.

1940년 3월이 되자 일본 정부는 입법을 통해 기업의 주주 배당비율을 이윤의 5퍼센트로 제한할 것을 규정했다. 이에 따라 모든 주식 소유자는 은행에 저금리로 정기예금을 든 것과 다를 바가 없었으며, 그들이 기업 경영에 관여할 권리는 전혀 없었다. 주주들에게 배당금을 지급하지 않고 이익을 재투자를 하거나 경영인과 직원의 임금 인상, 작업 효율이 우수한 노동자의 장려금으로 지급했다. 한편으로 경영인의 권력이 커져서 자신에게 많은 배당금을 지급하게 되는 상황을 방지하기 위해 연봉제도를 추진하여 경영인과 직원의 연봉을 연동했다.

대기업들은 가장 많은 생산요소를 지배하기 때문에 관료체계에서 정책을 집행하는 데 가장 좋은 수단이 되었다. 이에 정부는 '국책회사'라는 이름의 국가 정책 기업들을 설립하여 방대한 그룹으로 발전시켰다. 이런 기업들은 주식유한회사 형식을 채택했지만, 정부가 대부분의 주식을 직접, 또는 간접적으로 소유했다. 이러한 국책기업은 1937년 37개에서 1941년 6월 154개로 늘어났다.

제2차 세계대전이 한창이던 시기에 주요 군수물자를 공급하는 기업은 '군수기업'으로 지정되었다. 1945년까지 대략 600개의 기업이 군수기업으로 지정되었다. 이 기업들에 운영자금이 필요했기 때문에 대장성大藏省은 한두 개의 은행과 협력하여 그들에게 특별 융자를 제공했다. 이에 따라 일본에는 '주거래은행제도'가 탄생하게 된다. 즉 모든 기업은 한두 개의 주거래은행과 연계해 평소 거래하며 대출을 받을 수 있다.

1945년 3월에는 '주거래은행제도'를 확대하여 군수업체가 아닌 기업도 포함하여 2,000개의 기업이 이 제도에 편입되었다. 자본시장의 자금 모집처가 거의 막힌 상황에서 주거래 은행의 대출은 기업들의 유일한 자금줄이 되었다. 이밖에 모든 명령이 체제 안에서 더욱 완벽하게 관철될 수 있도록 정부는 모든 산업에 산업협회와 유사한 '통제회統制會'를 설치했다. 통제회의 장점은 명령체계를 관철하는 데 있었다. 가령 정부가 내년에 철강업에서 몇 톤의 철강을 생산하기로 계획한다고 하자. 정부는 그 목표를 통제회에 전달한다. 통제회 간부는 기업으로 구성된 회원들을 모아놓고 정부가 정한 생산목표를 전달하고, 각 기업과 협의하여 할당량을 배분하여 기업의 개별목표로 삼는다. 이는 마치 군대의 지휘체계처럼 위에서 아래로 하달되는 방식이었다.

이런 체제가 가동되면서 1937~1945년 일본 경제는 혁명적인 변화가 일어나 국가동원 체제로 변했으며, 기업과 노동자는 국가의 목표를 위해 존재했다. 이런 체제하에서 정부는 생산 방향을 통제했고, 그 결과는 극명하게 드러났다. 1937년 방직업이 총생산에서 차지하는 비율 29.3퍼센트에서 1941년에는 14.7퍼센트로 떨어진 반면, 같은 기간 기계 공업은 14.4퍼센트에서 30.2퍼센트로 늘어났다. 중공업 위주로 발전시키는 일본의 군사적 목적을 엿볼 수 있다.

군수물자 생산량은 1937~1945년 무려 2배가 성장했으며, 노동자 전원이 동원되어 실업이 자취를 감췄다. 산업구조는 농업에서 공업으로 이전하면서 일본은 공업화 국가로 거듭났다.

1937년부터 1945년까지의 상당히 짧은 시간에 일본이 성공적으로 제도를 완벽하게 운영하며 빠르게 실행할 수 있었던 비결은 무엇이었을까? 이는 일본의 동북3성(만주국) 지배와 매우 큰 관계가 있다. 일본은 1937년에 동북3성을 점령한 후 군대를 파견하여 이 지역을 직접 통치했다. 통치계층은 '만주국'에 위에서 아래로 하달되는 통제체제를 구축했다(독일을 모방한 것). 따라서 '만주국'에서 실험 단계를 거치면서 완벽하게 적응한 체제를 본국에 직접 접목함으로써 일본의 자유경제체제를 전시동원체제로 바꿨는데 이를 '일본식 자본주의'라고 할 수 있다.

## 전후 수출동원체제

제2차 세계대전이 끝나고 냉전시대가 개막했다. 미국은 전략적 이익을 고려하여 일본이 빠르게 재건되고 급속한 경제 발전을 이룩하기를 희망했다. 일본은 미국의 점령하에 기본적으로 전쟁 시기의 통치 상태를 회복했으며 일부 기관의 명칭만 변경했다. 가령 군수부를 통산성通産省, MITI, Ministry of International Trade and Industry으로 개명했으며, 이후 경제기획청Economic Planning Agency[4]을 추가로 설립했다. 전쟁 시기의 통제회는 업종별 '산업협회'로 개명했으며, 각 업계의 통제회 본부는 전쟁 후 '일본경제단체연합회'로 개명하여 약칭하여 '경단련經團聯'으로 불렀다. 이밖에 제도고속도교통영단帝都高速度交通營團, 일본생산력중심, 은행공회銀行公會, 저축촉진협회 등과 각 지역에 거점을 설치한 파출소 경찰 체제는 전부 존속되었다.

전쟁 시기에 제정된 일부 법률은 전쟁 후 잠정적으로 폐지되었지만, 얼마 후 통산성과 대장성에서 재시행을 발표했다. 가령 1945년 9월 연합군 점령 지휘부가 제3호 명령을 발표하여 경제 통제를 다시 시작하고 외환 배급제를 실시하겠다고 선언했으며, 전시의 물자동원 계획을 대체할 물자수급 계획을 수립했다. 전쟁 전에 시행했던 '주거래은행제도'와 주거래 은행이 육성하는 기업으로 구성된 기업 그룹인 '경련회經連會'도 존속시켰다.

조직은 이름만 바꿔서 그대로 존속했을 뿐 아니라 그 기관에서 일하던 사람들도 복귀했다. 경제 업무를 주관하던 관리의 권력은 전쟁 시기보다 강력해졌다. 그 이유는 간단하다. 점령부대가 전시의 견제 세력을 숙청했기 때문이다. 견제 세력 중 하나는 정부 내부의 내무성, 군사성, 외무성 같은 주요 부서였다. 이 부서들은 전쟁 후 권력이 위축되었으며, 대장성, 통산성,

중앙은행으로 내각의 권력이 이동했다.

1955년에는 경제기획청이 출범하여 경제 계획을 세우고 전국적 경제 목표를 수립했으며, 경제 통치 진영에 합류했다. 국가총동원법이 이미 폐지되었기 때문에 경제 관료들의 지휘 방식은 공문 발송을 통해 직접 명령하는 방식에서 비교적 부드러운 표현을 사용하는 방식으로 바뀌었다. 가령 전시의 관리통제, 계획, 분배 등 딱딱한 표현에서 행정지도, 도덕적 권유 등의 부드러운 표현으로 바뀐 것이다. 그러나 그 본질은 변하지 않아서 관료들의 인사 구성이 전쟁 시기와 대부분 같았으며, 그들의 명령을 받는 대상도 통제회(산업협회로 개조)의 수장으로 전쟁 시기와 동일한 인물이었다. 전쟁 시기의 경제통치체제가 그대로 복귀했다고 할 수 있다.

미국 점령군이 일본에서 철수한 후 이 현상은 더욱 두드러졌다. 미처 복귀하지 않았던 관리들까지 원래의 직위를 회복했다. 미국 점령 시기에는 전쟁 계획에 참여했다는 이유로 면직되었던 관리들은 군수성의 42명과 대장성의 9명을 포함하여 미국 점령 기간이 끝난 후 대부분 원래의 직책으로 복귀했다. 내무성에서 사상 감시를 하던 관리는 문부성文部省으로 옮겨 전후 일본의 교육정책을 담당했으며, 1급 전범에 속하던 관리들도 고위 관리 자리를 그대로 유지했다. 이들 중에는 가장 높은 직위로는 일본 총리까지 있었다.

정부로 복귀한 고위 관리들은 대부분 동북3성(만주국)과 연관을 맺고 있었기 때문에 '만주방滿洲幇'으로 불렸다. 그중 일본 총리를 역임한 기시 노부스케岸信介는 항복한 후 1급 전범 혐의로 도쿄의 감옥에서 3년 반에 걸쳐 조사를 받았다. 그는 일본 만주국의 국무원 실업부實業部 총무사總務司 사장司長, 산업부 차장과 총무청 차장 등을 지냈다. 그는 당시 관동군 참모장 도조 히데키東條英機, 만주국 총무청장 호시노 나오키星野直樹, 만주철도주식회사 총재 마쓰오카 요스케松岡洋右 만주중공업개발주식회사 회장 아이카와 요시스케鮎川義介와 함께 '만주5거두滿洲五巨頭'로 불렸다. 기시 노부스케는 1939년 일본으로 복귀한 후 나중에 일본 상공성 차관에 임명되었으며, 1942년에는 도조 히데키 내각의 상공대신에 취임했다.

전후 일본에서 활약한 11개의 자동차 기업 중 혼다만 유일하게 전후에 설립되었으며, 도요타, 닛산, 이스즈Isuzu는 전쟁 때 군용트럭의 주요 제조업체였다. 나머지 기업들은 전시에 비행기, 탱크, 군함을 제조하다가 자동차로 업종을 바꾼 것이다.

정당의 구조도 전쟁 때와 유사했다. 1955년 미국 점령군 총사령관 맥아더 장군은 몇 개의 정당을 합쳐 자유민주당(약칭 '자민당')을 구성했다. 이는 전쟁 시기의 대정익찬회大政翼贊會[5]와

흡사한 것이었다. 그러나 맥아더 장군은 지혜를 발휘하여 반대 당의 존재를 허용했다. 얼핏 보아 일본이 최소한의 민주 정치를 하고 있는 것 같았지만 실제로는 자민당이 장기 집권하는 구조였다. 전쟁 직후부터 1993년까지 무려 40년 연속 집권한 것이다. 지금의 아베 내각도 자민당이다.

경제 관료들은 정부 내 견제 세력을 약화시켰을 뿐 아니라 정부 외부의 걸림돌도 없애버렸다. 그것도 맥아더 장군의 도움을 받아서 말이다. 이렇게 약화된 세력은 자본가(재벌)와 대지주들이었다.

재벌은 지주회사를 통해 산하기업을 통제했는데, 맥아더 장군은 법령을 발표해 대재벌이 공개시장에서 주식을 매각하도록 강요하고 지주회사의 존재를 금지했다(1998년 재개되었다). 이밖에 적지 않은 재벌 수장들이 전쟁 범죄자로 낙인찍혀 상공업에 개입하는 것을 금지당했다.

재벌 가문들은 축출되었지만 기업 그룹은 여전히 남아 있었다. 기업 그룹의 주식을 보유하여 경영을 이어간 당사자는 그룹 내 다른 기업들이었다. 그룹 내 기업들이 서로 주식을 교차 보유한 것이다. 그룹 내 다른 기업의 주식을 많이 보유하지는 않았으나 그룹 전체를 합치면 그룹 내 각 기업을 지배할 수 있는 비율에 도달할 수 있었다. 이렇게 해서 그룹이 계속 유지될 수 있었다. 자본주가 없고 지주회사의 지배가 없는 상황에서 그룹 기업들은 여전히 존속된 것이다. 물론 이 기업들의 수장은 전문 경영인이었으며, 그들은 대부분 관료와 결탁했고, 관료가 선택한 경영인이었다.

지주계급도 제거 대상이었다. 일본은 대규모의 토지개혁을 실시하여 대지주들에게 논밭과 땅을 매각하도록 강요했다. 이렇게 해서 일본은 오늘날의 소농제도를 형성했다. 노동 분야에는 미군이 노동시장의 민주화를 추진하기 위해 노동조합의 설립을 장려했다. 그 결과 노조에 가입한 노동자 비율은 1945년의 0퍼센트에서 1949년 60퍼센트로 빠르게 상승했다. 그러나 일본 공산당이 노조에 영향력을 행사하고 있다는 사실을 발견한 미국 점령군은 1948년 7월 산업 노조를 금지했다. 전쟁 때와 마찬가지로 기업별 개별 노조만을 허용했다. 이에 따라 전쟁 시기의 종신고용제, 배당제도, 연봉제도가 그대로 존속되었다.

이 제도가 성공적으로 운영되면서 기업들은 치열하게 경쟁하기 시작했다. 사실 전쟁 때는 그럴 필요가 없었으며, 상부에서 하달하는 생산목표를 달성하면 그만이었다. 그러나 평화 시기에는 기업이 치열한 가격경쟁을 벌이면서 심각한 현상이 발생했다. 과도한 경쟁을 해결하기 위해 정부는 사실상의 생산능력 분배제도, 즉 카르텔(독점) 제도를 실시했다. 건축업, 공공사업 분야에서 이 현상이 더욱 두드러졌다. 시공업체들은 가격경쟁 입찰을 하지 않고 일정한 비율에 따라 일감을 분배했다. 독점금지법은 여전히 존재했으나 정부에서 산업협회들의 불법 행위를 눈감아주었다.

대기업과 주변 하도급업체의 관계도 전쟁 때와 다르지 않았다. 가령 1960년대 도요타 자동차의 부품 공급업체 중 40퍼센트 이상이 전쟁 때 군용트럭 부품을 공급하던 업체였다. 많은 면에서 전후 일본의 체제는 전쟁 때와 같았으며, 달라진 것이 있다면 무기 대신 수출에 주력한다는 점이었다.

일본 사람들의 생활은 바쁘게 돌아갔다. 아침 일찍 출근하면 체조부터 시작했다. 새로 입사한 직원들은 캠프에 입소하여 혹독한 훈련을 받아야 했다. 규율과 복종 체제는 군대와 다를 것이 없었다. 전쟁 시기에 모든 전사의 최종 목표가 온 힘을 다해 전쟁을 하는 것이었다면, 평화 시기에는 모든 역량을 업무에 집중했으며 심지어 과로사도 마다하지 않았다.

1960년대 초반이 되자 일본은 저축률이 높이 올라갔으며 국내시장은 제한되어 있었다. 시장을 개척하려면 수출에 의존하는 수밖에 없었다. 이에 따라 일본은 전국적으로 이 목표를 향해 매진했으며, 수출은 이제 작전이 되었다. 대장성과 통산성, 중앙은행의 관리들은 마치 참모본부의 장성들처럼 연합하여 전국 각 산업협회와 그 회원 기업을 동원했으며, 여기에 이 기업들의 하청 기업, 그들의 경영인과 노동자까지 합세하여 세계 시장 공략에 나섰다. 수출은 많이 할수록 환영을 받았으며 수입은 적게 하도록 제약을 받았다. 무역흑자는 승리를 의미했다. 이것이 바로 전형적인 중상주의重商主義로, 무역흑자 자체가 수단이 아닌 하나의 목표로 변한 것이다.

당시 일본 산업계는 주주가 기업에 미치는 영향력이 없었기 때문에 다수의 기업은 이익을 추구하는 것보다는 시장 점유율에 주력하고 이를 확장하기 위해 제품을 생산했다. 손해를 감수하고 확장에만 매진한 기업들이 군대와 같은 조직과 명령체계로 세계 시장에 진출한 것이다. 이런 상황에서 세계 시장은 일본에 속절없이 잠식당했다. 1960년대 일본은 전 세계 철강과 조선 시장을 빠르게 점유했으며, 유럽과 미국의 기업들은 손을 써보지도 못하고 퇴각했다. 이어서 일본 자동차의 약진이 두드러졌다. 1970년대와 1980년대에 일본 가전제품이 미국의 거의 모든 업체를 초토화시켰다. 이익에는 관심이 없고 시장 점유율만 바라보는 일본 기업들에게 이익을 중시하는 구미의 기업은 적수가 될 수 없었다.

또 일본은 수출의 걸림돌을 피하기 위해 GATT General Agreement on Tariffs and Trade (관세와 무역에 관한 일반협정)[6]를 비롯한 국제 기구에 가입하고자 했다. 이런 일본의 움직임에 많은 유럽 국가들이 반대했으며, 특히 프랑스의 반대가 심했다. 그러나 미국은 전략적 이익을 고려하여 일본의 가입을 지지했다.

한편 일본은 GATT 가입 이후 국제 자본의 개방 요구를 두려워했으며, 미국이 국제통용화폐라는 달러의 지위를 이용해 자국 투자자들이 유럽에서 기업을 사들이는 것을 돕는 것을 보고 자신들의 기업도 미국의 손에 넘어갈까 봐 두려워했다.

이를 피하기 위해 일본은 법인간 교차증자 방식으로 기존 주주의 주식을 희석하기 시작했다. 원래 주식 희석은 주주총회의 동의를 받아야 하지만 GATT의 가입과 때를 같이하여 1955년 9월 내각은 일본 상업법 제280조 제2항을 통과하여 회사의 이사회가 기존 주주의 동의 없이 새로운 주식을 발행할 수 있게 했다. 이에 따라 일본 기업들은 적극적으로 신주 발행에 나섰으며, 점점 많은 주식들이 교차증자 방식으로 맞물리면서 외부 세력의 인수합병 시도가 차단되었다.

그 후 일본은 OECD에도 가입하려 했으나 OECD는 시장 개방 확대를 요구했기 때문에 일본은 이러한 오귀운재五鬼運財(중화권에서 강력한 권능을 가진 다섯 귀신을 활용해 재산을 모으는 방법, 즉 일본의 교차증자 방식을 지칭함-옮긴이) 방식의 주식 양도를 가속화해서 큰 성공을 거뒀다. 1949년 일본의 모 상장기업 주식의 약 70퍼센트가 자연인 소유였으나 1980년대 말에는 자연인 보유 비율이 19.9퍼센트로 떨어지고 나머지는 법인이 차지했다. 이는 법인 간 주식교차 보유 현상을 극명히 드러낸다.

미국의 유명한 경제학자 폴 크루그먼Paul Krugman[7]은 외국인 투자자를 겨냥한 일본의 대처 방법은 수입에 대한 대처 방법과 마찬가지여서, 법리상de jure으로는 개방을 하지만 실제로는de facto 봉쇄조치를 취한 것이라고 지적했다. 이것이 일본에 투자하는 외국인 투자자들이 극소수인 이유였다. 설사 외국인이 많은 주식을 살 수 있다고 해도 실제로는 경영에 참여할 수 없었다. 대표적인 예로, 미국의 인수합병 전문가 티 분 피켄스T. Boone Pickens는 일본 도요타 자동차 부품 공급업체 고이토 매뉴팩처링小系製作所의 주식 30퍼센트를 사들여 최대 주주가 되었다. 그러나 평이사직에도 선출되지 못하여 결국 주식을 매각해야 했다.

일본은 특이하게도 어떤 회사의 주주가 될 것인지를 투자자가 결정하는 것이 아니라 회사의 경영인이 결정하며, 그 회사의 법인이 주주가 된다.

# 미국의 엔화절상 압박

## 미국 무역법 301조 조사

일본은 국가 동원 체제하에서 1950년대부터 미국 시장을 계속 공략했다. 방직품에서 시작된 일본의 미국 시장 점령은 철강, 자동차, 반도체, 가전제품으로 이어졌다. 미국은 각 업종에 대한 보호정책으로 맞섰다. 예를 들어 미국은 일본을 압박하여 1957년, 1971년, 1973년에 방직품 수출 물량을 제한하는 양자협의와 다자간협의를 각각 체결했다. 1981년에는 일본 자동차의 대량 수입으로 미국 자동차 업계가 위축되자 미국은 일본이 자동차 수출 총량을 '자발적'으로 제한하도록 압력을 넣었다.

사실상 1976년부터 10여 년 동안 미국은 1974년에 발표한 '미국 무역법' 제301조에 근거하여 일본에 총 15차례의 '301조 조사'를 발동했다. 조사대상 품목에는 자동차, 철강, 통신, 반도체, 제약 등이 포함되었다. 1987년 미국은 일본이 반도체 협의를 위반했다는 이유로 3억 달러 상당의 일본 가전제품에 100퍼센트에 달하는 높은 관세를 매겼다.

고액 관세의 부과 외에도 미국 정부는 국가안보를 위협한다는 명목을 내세워 일본 후지쓰富士通의 페어차일드Fairchild 반도체 인수를 금지했다. 히타치日立의 고위직 6명은 IBM의 기술을 도용했다는 혐의로 미국 연방조사국에 체포되었다. 1987년에는 하이테크 방위산업 제품을 소련에 불법으로 판매한 혐의로 도시바東芝를 기소했으며, 그 일로 미국이 입은 잠재손실이 300억 달러에 달한다고 주장했다.[8]

1970년대 후반에 제2차 오일쇼크가 발생하여 미국의 에너지 가격이 폭등하고 심각한 인플레이션이 발생했다. 1979년 여름부터 미연방 준비은행은 인플레이션을 완화하기 위해 세 차례에 걸쳐 기준금리를 인상하고 통화긴축정책을 실시했다. 많은 해외자금이 고금리의 유혹에 미국으로 유입되었으며, 1984년 말이 되자 달러 환율은 60퍼센트 인상되었다. 과열된 달러 강세에 미국의 수출, 특히 제조업 수출이 큰 타격을 받았다. 이에

## 1982년 인디애나 주 철강 노동자들이 일으킨 운동

**노동 운동에 참여한 두 명의 미국인이 일본산 자동차를 부수고 있다.**
출처: 대만의 경제전문 온라인 매체 〈쥐형망鉅亨網〉, https://news.cnyes.com/news/id/4180042

따라 1976년부터 계속된 미국의 무역적자는 가중되었다.

일본은 미국의 무역적자를 초래한 주요 대상국이었으며, 게다가 그 특수성으로 인해 1965년에 미국의 대일 무역적자가 발생했다. 이는 미국의 다른 무역 교역국에 비해 일찍 발생한 것이었다. 이밖에 미국은 일본과의 양자무역 규모와 대일 무역적자 규모에서 단연 1위를 차지했다.

1985년 기준으로 미국의 대일 수출은 226억 달러로, 미국 수출 규모의 10퍼센트를 차지했으며, 미국의 일본 제품 수입액은 688억 달러로, 전체 수입의 20퍼센트를 차지했다. 미국의 대일 무역적자는 462억 달러로, 미국 무역적자 총액의 40퍼센트를 차지했다.

따라서 일본은 당시 미국이 무역적자를 해결하는 문제에서 주요 대상이 된 것이다.

## 플라자 합의

미국은 일본에 엔화절상을 압박하는 절묘한 방법을 생각해 냈다. 1985년 9월 22일, 미국, 일본, 독일, 영국, 프랑스(즉 G5 그룹)의 재무장관과 중앙은행 행장들이 미국 뉴욕 플라자 호텔에서 회의를 개최하고 '플라자 합의Plaza Accord'를 체결했다. 인플레이션 억제, 내수 확대, 무역개입 감소와 더불어 각국 중앙은행이 협력하여 외환시장에 개입함으로써 달러의 주요 통화에 대한 가치를 '질서 있게' 절하한다는 내용이었다.

플라자 합의를 체결하기 전부터 엔화는 이미 상승추세를 보이기 시작했다. 엔화 대 달러 환율은 1975년 12월 10일 최고점 306.01:1에서 시작하여 플라자 합의 당시(1985년 9월) 242:1로 상승했다. 플라자 합의 이후 1986년 5월 엔화 환율은 160엔을 돌파했으며, 1987년 말에는 120엔에 달했다. 그 후에도 엔화의 절상은 계속되어 1995년 5월 3일에는 83.25엔까지 상승했다. 독일 마르크화도 큰 폭으로 절상하여 각 주요 화폐에 대한 달러의 가치는 큰 폭으로 절하했다.

1985년 미화 1달러로 250엔을 환전하던 수준에서 1987년 말

120엔을 환전한다는 것은 어떤 의미일까? 이는 미국에 수출하는 모든 일본 상품에 108퍼센트의 추가관세가 붙는 효과를 가져왔으며, 일본에 수출하는 모든 미국 제품의 가격을 절반으로 낮추는 효과를 가져왔다. 1975년 엔화의 최저점에서 1995년 최고점까지 상승폭은 무려 3.68배에 달했으며, 이는 268퍼센트의 관세를 추가로 부과하는 것과 마찬가지였다.

플라자 합의에서 보여준 미국의 초강수는 경악할 수준이었다. 다른 4개국(일본, 독일, 영국, 프랑스)는 미국의 처분에 따랐으며 아무도 반항할 엄두를 내지 못했다.

# 일본 거품경제의 원인

## 엔화절상 후 일본 경제

1985~1989년 동안 일본은 표면적으로는 전성기를 구가하는 것처럼 보였다. 국내 자산 가격이 계속 상승하는 데다 엔화절상까지 더해지니 일본인은 기세 좋게 세계 각지에 투자했고 자산을 구입했다. 1986년 일본의 부동산 기업 다이이치第一가 파격적인 가격으로 뉴욕의 티파니Tiffany 빌딩을 매입했으며, 소니는 미국 컬럼비아 영화사를 사들였다. 같은 해에 미쯔비시Mitsubishi는 뉴욕 시 록펠러 센터Rockefeller Center 14동 건물을 사들였다. 일본이 미국 부동산에 투자한 금액은 1985년 약 19억 달러였다가 1988년에는 약 165억 달러로 폭

발적으로 증가했다. 제조업 분야에서는 일본 자동차 생산량이 1980년에 미국을 일찌감치 따돌리고 세계 1위를 차지했으며, 1986년에는 일본 반도체 제품이 미국을 추월하고 세계 1위에 올랐다. 그중에서도 동적 랜덤 액세스 메모리DRAM 생산량은 세계 시장의 90퍼센트를 차지하여 미국을 저만치 따돌렸다. 하버드 대학교의 에즈라 보겔Ezra Vogel 교수는 1979년에 《일본 넘버원: 미국에 주는 시사점Japan As Number One: Lessons for America》을 발표하여 일본의 황금 시대를 예고했다.

이 시기에 일본은 플라자 합의에 따른 내수 촉진을 위해 통화완화정책과 재정확대정책을 실시했다. 통화정책의 완화는 경이로운 수준이었다. 1985~1989년, 일본의 화폐공급은 연평균 두 자리 수의 상승속도를 기록했다. 그러나 명목 GDP 성장은 화폐공급 속도를 따라잡지 못했다. 과도하게 풀린 돈이 GDP와 관련된 교역에 투입되지 않고 주식과 부동산 등 자산 구입에 들어갔음을 의미했다. 닛케이 지수는 1985년 약 10,000 포인트에서 1989년 12월 29일 장중 최고점 38,957.44포인트까지 상승했다.

주가가 올랐고 부동산 가격도 올랐다. 1980년 도쿄 상업 지역의 지가지수 100을 기준으로 보면, 1985년에 120까지 상승했으며 1988년에는 334까지 상승했다. 부동산 가격은 1989년

절정에 달했다. 당시 일본에서 땅값이 가장 비싼 지역은 도쿄 긴자銀座에 있는 문구점 '규쿄도鳩居堂' 부근으로, 1제곱미터당 1,200만 엔에 달했으며 17년 연속하여 일본에서 가장 땅값이 비싼 지역으로 군림했다. 이밖에 도쿄에 위치한 왕궁 부지는 총 가치가 한때 미국 캘리포니아 전체 부동산 가격보다 높았다. 1990년에는 도쿄도 한 곳만 해도 땅값이 미국 전역의 토지 총가와 맞먹었다.[9] 일본 전역의 땅값을 보면 1989년 말 토지자산 총액이 약 2,000조 엔으로 미국 토지자산 총액 500조 엔의 4배에 달했다. 따라서 당시 "도쿄를 팔면 미국 전체를 살 수 있다", "일왕이 사는 곳의 땅만 팔아도 캐나다 전체를 살 수 있다"는 호언장담이 흔했다.

빠른 속도로 오르며 끝없이 고공행진하던 부동산 가격은 1989~1991년 사이에 거품이 빠져나갔다. 1993년 도쿄에서 부동산 가격이 가장 높았던 긴자 일대는 최고가일 때에 비해 70~80퍼센트나 하락했으며, 주택 용지의 가격 하락폭은 60퍼센트에 달했다. 부동산에 투자한 비율이 높은 기업들은 잇달아 도산했는데, 특히 부동산 개발업체와 건설업체의 비율이 가장 높았다. 21개의 주요 은행은 1,100억 달러의 부실채권을 선포했으며, 그중 3분의 1이 부동산 관련 채권으로, 전후 상장기업 부도율 최고 기록을 달성했다.

이때부터 일본은 '잃어버린 10년', '잃어버린 20년'에 접어들었으며, 지금까지 완전히 회복되지 않았다고 할 수 있다.[10] 다른 나라와 비교할 때 일본의 강한 특색을 자랑했던 산업정책과 종신고용제, 연봉제, 중심위성공장제도, 그룹제도 등은 하루아침에 그 빛을 잃고 일본을 쓰러뜨린 독소로 여겨졌다. 통산성은 '경제산업성'으로 개편되었으며, 종신고용제는 사라지고 파견근로제가 대두되었다. 현재 일본에서 겸직, 아르바이트, 계약사원, 계약직원 및 파견사원을 포함한 비정규직이 전체 노동자에서 차지하는 비율은 40퍼센트에 육박한다.

2018년에 일본의 한 대기업 대만 주재 대표와 이야기를 나눈 적이 있다. 그는 현재 일본의 젊은이들이 불쌍하다고 말했다. 대학을 졸업하고 1년 안에 정규직으로 취직하지 못하면 평생 파견직으로 전전할 수도 있다는 것이다. 아무리 규모가 작고 외진 지역에 있는 회사라도, 아무리 낮은 임금이라도 '사원증'을 손에 넣기 위해서는 어쩔 수 없이 그런 곳도 마다할 수 없다고 했다.

1972년부터 일본의 GDP는 세계 2위를 유지해 왔으나 2010년 중국에 추월당했다.

1990년의 거품경제는 일본 경제의 분수령이라고 할 수 있다. 거품경제 이전의 일본이 거침없이 성장하는 시기였다면 거품이 발생한 후부터 일본 경제는 쇠락하고 위축되었다.

## 거품경제 발생 원인

거품경제는 어떻게 해서 출현했을까? 특히 중앙은행이 통화 공급을 그토록 빠른 속도로 늘려가며 조절하지 않은 이유는 무엇이었을까?

자료를 찾아보면 두 가지의 각각 다른 해답이 나온다. 그중 하나는 '공황론'이다. 일본은 플라자 합의로 인한 큰 폭의 엔화 절상을 겪으면서 경제 후퇴를 두려워했다. 이에 따라 통화완화 정책에 박차를 가하여 지나치게 빠르게 진행되는데도 경각심을 느끼지 않았다. 결국 자산가치 상승 속도가 지나치게 빨라 부풀 대로 부푼 거품이 마침내 꺼지게 된 것이다.

나머지 하나는 '음모론'으로, 이는 미국과 관련이 있다. 음모론을 주장한 사람은 독일 출신의 경제학자 리하르트 베르너 교수다.[11] 그는 일본의 거품경제 시기에 자딘 플레밍 증권Jardine Fleming(현 JP모건)에 근무한 적이 있으며, 일본의 거품경제 발생 원인에 대한 깊이 있는 연구를 진행했다. 그는 연구 결과 다음과 같은 사실을 발견했다.

첫째, 초기의 동원체제를 계승하면서 일본 중앙은행(명칭은 '일본 은행')에는 보이지 않는 규칙이 있었다. 그것은 매년 '행정

지도'라는 이름으로 이듬해 대출한도 목표를 각 상업은행에 내려 보내는 것이다. 상업은행들은 행정지도를 명령으로 삼아 대출을 철저히 확대했다. 1980년대 말 상업은행들이 배정된 대출한도 목표가 지나치게 높아 거품과 함께 대출회수불능 우려가 있다고 중앙은행에 건의했으나 중앙은행은 이를 묵살하고 계속 이행할 것을 요구했다.

둘째, 일본 중앙은행 총재를 대장성 관리 출신과 중앙은행 본점 간부가 승진하여 한 임기씩 번갈아 맡았다. 그러나 대장성 출신의 총재는 은행 실무에 어두웠기 때문에 중앙은행의 부총재(다음 임기 때 총재로 승진할 사람)가 대출한도 목표에 대한 행정지도를 포함한 실질적 업무를 도맡았다.

셋째, 차기 총재로 승진을 앞둔 중앙은행 본점 간부는 특별한 배경이 있는 인물로 중앙은행에 들어온 지 얼마 되지 않아 발탁되었고, 차기 임기의 계승자로서 '왕자王子'로 지칭되었다. 역대 총재(및 부총재)들은 이 관계를 이용하여 사제관계를 맺었으며, 이런 관계는 평생 변함없이 유지되었다. 1984년부터 1989년까지 부총재를 지낸 미에노 야스시三重野康는 중앙은행 본점 간부 출신 마에카와 하루오前川春雄[12]를 스승으로 모셨으며, 마에카와 하루오는 사사키 나오시佐佐木直[13]를 스승으로 모셨다. 리하르트 베르너는 이 세 사람이 일본 은행의 운영을 장기적으로 장악하고 중요한 결정을 내렸다고 주장했다. 사사키 나오시가 1974년 일본 은행에서 퇴직한 후에도 마에카와 하루오는 여전히 그에게 자문을 구했다.

넷째, 사사키 나오시 전에는 이치마다 히사토—萬田尚登가 있었으며, 그 전에는 아라키 에이키치新木榮吉가 있었다. 전쟁 동원 계획에 참여하여 전쟁 후 전범으로 조사를 받던 아라키 에이키치는 훗날 미국과 가까이 지내며 주미대사까지 역임했다.[14] 사사키 나오시는 총재직을 사임한 후 1980년대에 경제동우회 회장을 지냈다. 이 단체는 자민당의 정치 자금을 대는 중요한 자금줄 중 하나였다. 이 두 사람이 일본 중앙은행의 '직계' 계보의 시조라고 할 수 있다.

다섯째, 플라자 합의 체결 후 한 달이 지난 1985년 10월 31일, 나카소네 야스히로 일본 총리가 막료회의를 소집하여 엔화절상 이후 일본의 중기발전계획을 논의했다. 이들은 '경제구조조정위원회'라는 총리 개인 자문기구를 설립하기로 했다. 17명으로 구성된 이 기구에는 당시 일본 정치계와 경제계, 학술계의 권위자들이 망라되었으며, 당시 일본 은행 총리직을 사임한 마에카와 하루오가 위원장직을 맡았다. 마에카와 하루오는 1986년 4월 나카소네 야스히로에게 '국제 협조하의 (일본) 경제구조 조정연구회 보고서'를 제출했다. 약칭 '마에카와 리포트'라는 이

보고서는 처음부터 "일본이 전통적인 정치·경제관리모델과 생활방식을 획기적으로 바꿀 시기가 왔다. 일본이 변혁하지 않으면 국가 발전이 정체될 것이다. 이 개혁을 실시하려면 국가의 재정 및 통화 정책이 중요한 역할을 해야 한다."라고 주장했다. 미일 무역마찰이 극에 달하던 1987년, 친미 성향의 우익인사 나카소네 총리가 미국을 방문했다. 그는 이 계획을 레이건 대통령에게 제출하여 일본의 개혁 의지를 증명하고자 했다. 이 계획을 실행하기 위해 마에카와 하루오가 은행 고위 인사와 정기적으로 만났다. 당시 일본 은행 부총재 미에노 야스시와 1994년에 미에노 야스시의 후계자로 부총재 자리에 오른 후쿠이 도시히코도 포함되었다.

여섯째, "개혁을 일으키는 가장 직접적 방법은 한 차례의 위기를 조장하여 사람들로 하여금 기존 제도에 불만을 느끼고 개혁을 요구하게 만드는 것이다. 이와 동시에 기존 제도의 기득권자들을 권력의 핵심에서 쫓아내서 개혁이 드러나도록 하는 것이다. 이런 식의 개혁 방식은 1960년대부터 1970년대까지 남미에서 출현했다. 시카고 학파 출신의 경제 자유주의자들이 잇달아 칠레, 우루과이, 러시아에서 '충격 요법'을 실시하여 경제 위기를 일으키고 기존 제도를 변화시켰다. 이 일본 은행 출신의 총재들은 그들을 모방하고 싶어 하는 것 같다. 위기를 조성하기 위해 우선 경제 거품을 형성한 후 거품을 터뜨림으로써 사람들을 바닥에서 살게 만든다.[15] " 따라서 이 일본 은행 간부들은 대출한도를 위험한 수준까지 고의로 확대했다. 그런 후에 대대적인 긴축경제 정책을 추진함으로써 일본 경제를 붕괴에 직면하게 했으며, 이를 통해 각계각층이 기존 제도를 돌아보고 근본적인 변화를 꾀하게 만들었다. 그들은 이렇게 함으로써 미일 무역마찰 문제를 해결할 수 있었다.

일본은 동아시아에서 지정학적으로 미국의 가장 가까운 동맹이다. 그러나 앞에서 살펴보았듯이 무역 문제에서 미국은 전혀 사정을 봐주지 않고 일본에 대해 혹독한 조치를 취했다. 여기서 설명한 일본 거품경제 음모론이 사실이라면, 미일 무역마찰을 해결하기에 급급한 나머지 미국에 투항한 일본의 지도자와 정부는 미국보다 더 악랄하게 '자국민'을 대했다고 할 수 있으며, 그 여파는 지금까지도 지속되고 있다.

# 일본 산업의 대처 방법

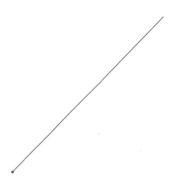

## 혁신, 업그레이드, 우회진출

거품이 터진 후 일본 제조업은 쓰러졌을까? 일부 분야에서 일본은 강력한 경쟁에 직면했으며, 심지어 다른 나라에 추월당하기도 했다. 가령 반도체 메모리 분야에서 일본은 한국에 추월당했다. 과거 한국의 삼성은 일본의 소니에 비하면 많이 뒤떨어졌으나, 오늘날 삼성은 시장 가치나 점유율에서 모두 소니를 앞섰다.

이런 특별한 사례가 있음에도 불구하고 전체적으로 볼 때 일본의 제조업은 결코 쓰러지지 않았으며, 여전히 세계적으로 중요한 위치를 차지하고 있다. 한 가지 예만 살펴봐도 이를 알 수 있다. 애플 아이폰 7 휴대폰을 중국에서 조립하는 데 드는 제조원가는 237달러다. 여기에는 각국에서 공급하는 부품과 드라이버(컴퓨터와 그 부속 장치 사이에 정보 전송을 관장하는 소프트웨어-옮긴이) 가격이 포함되는데, 1위가 미국 68.7달러, 2위는 일본 67.7달러이며, 한국은 16.4달러에 지나지 않는다. 현재 일본의 애플 휴대폰 부품 공급업체로는 소니(카메라), 재팬 디스플레이와 샤프(디스플레이), 알프스ALPS 전기(나침반), 도시바(플래시 메모리), TDK(음향 부품) 등이 있다.

일본의 제조업은 어떻게 해서 생존하고 계속 발전할 수 있었을까?

작고한 대만해협교류기금회台灣海峽交流基金會 이사장 장빙쿤江丙坤이 생전에 이런 이야기를 했다. 그는 경제 부장에 처음 부임했을 때 전임 부장들과 마찬가지로 대만의 방대한 대일 무역적자에 고심하며 해결책을 제시하기 위해 애썼다. 그는 국무 부장에게 무역적자가 가장 심한 일본 수입제품 명단을 얻었다. 일본 유학 경험이 있던 그는 조사를 통해 이 명단에 있던 제품 중많은 품목이 사실상 기술적으로 그다지 어렵지 않으며, 대만에서도 자체 개발이 가능하다는 사실을 발견했다. 이에 그는 경제부에서 몇 건의 신제품 개발 방안을 추진하고 대만 업체들의 투자와 생산을 장려해 일본 수입품을 대체하고자 했다.

그가 경제 부장을 사임할 때쯤에는 과거 일본에서 수입했던 제품들을 대만에서도 생산할 수 있게 되었다. 그러나 그는 국제 무역 국장에게 대만의 대일 무역적자가 줄어들기는커녕 오히려 늘어나는 추세라는 보고를 받았다. 일본에서 수입하는 제품 명단을 살펴보니 과거와는 완전히 달라져 있었다.

대만이 발전하는 동안 일본도 발전하고 있었기 때문에 대일 무역적자가 여전히 지속된 것이다. 이는 일본 제조업이 이룩한 '혁신' 덕분이었다.

일본 제조업의 두 번째 성과와 세 번째 성과는 서로 연관되는 업그레이드와 우회진출이다. 이는 미국의 압박 아래 시행한 것이 아니라 1960년대 들어 일본의 노동자 임금이 상승할 때부터 시작한 것이다. 당시 일본은 방직업의 다운스트림 생산라인을 대만과 한국으로 이전했으며, 자국에서는 업스트림의 원료와 기계만 생산했다. 이에 따라 삼각무역의 서막이 올랐다. 즉 일본은 대만과 한국에 원료를 수출하고, 대만과 한국은 일본 원료를 이용해 완제품을 제조한 후 미국 및 기타 선진국에 수출했다. 일본의 대미 무역흑자는 대부분 일본의 대대만, 대한국 무역흑자로 변했으며, 대만과 한국의 대미흑자로 바뀌었다. 이렇게 해서 일본 제조업은 여전히 강한 존재로 남을 수 있었다. 그러나 미국은 시비를 걸 대상이 필요했고, 그 대상은 일본에서 점점 대만, 한국 등지로 옮겨갔다. 최종 소비재 생산에서 생산원료와 설비 제조로 이전한 것이 '업그레이드'이며, 외국에 투자하여 공장을 세운 것을 '우회진출'이라고 할 수 있다.

일본 제조업의 스토리를 듣고 느끼는 것은 '하늘이 무너져도 솟아날 구멍이 있다'는 것이다. 방법을 찾기만 하면 겹겹이 쌓인 장애물을 뚫고 나갈 수 있다. 물론 일본은 원래부터 탄탄한 과학연구와 중공업의 기반이 있었으며, 글로벌 정보와 투자로 무장한 무역업체들은 일본 제조업에 아주 중요한 역할을 했다. 그러나 일본이 겪은 쓰라린 아픔을 고려한다면, 일본은 스스로 노력해 살아남은 것이다.

"무역전쟁이든 환율전쟁이든 참전하는 양국에게 위기가 발생할 것이며
(······)
또한 무고한 상대에게 피해를 줄 것이다."
- 2018년, IMF 총재 크리스틴 라가르드 Christine Lagarde -

# PART 5

# 미중 무역전쟁이
# 중국과 한국 경제에
# 미치는 영향

# 중국 경제에
# 미치는 영향

## 경제 전반적인 영향

　　　　　　　　　　　먼저 미중 무역전
쟁이 중국의 경제 전반과 개별 산업에 미치는 영향과 한국 경
제에 미치는 영향을 살펴보고, 마지막으로 제품 공급체인의 관
점에서 그 결과를 예측해보겠다.

　　OECD의 최신 TiVA 데이터베이스Trade in Value Added Database(부가
가치 기준 무역 데이터베이스)에 따르면, 공급체인의 연쇄반응과
이 연쇄반응이 축적된 이후 중국의 수출이 100달러 감소할 때
마다 공급체인의 연쇄효과를 통해 국내 부가가치에 미치는 영
향은 82.5달러로 예상된다.[2]

미국이 추가관세를 부과하면 중국 수출은 얼마나 감소할까?

2017년 자료를 기준으로 할 때, 그해 중국의 대미수출은 중국 GDP의 약 3.4퍼센트를 차지했다. 따라서 수출이 전부 막힌다고 가정할 때 중국 GDP는 2.8퍼센트 하락할 것이다. 이 수치는 매우 크지만 수출이 전부 막히는 일은 없을 것이다. 비교적 합리적인 가설은 관세의 일부를 수요자에게 전가하는 것이다. 자오홍옌趙洪岩, 성류강盛柳剛(2018)[3]의 예측에 따르면, 비교적 합리적인 가설은 25퍼센트의 관세를 부과하면 중국의 대미수출이 약 30퍼센트 감소할 것이라는 예측이다.

이러한 예측을 기반으로 미국이 중국 상품에 25퍼센트의 추가관세를 전면 부과할 경우, 중국의 GDP는 (소비와 투자가 영향을 받지 않는다고 가정할 때) 약 0.84퍼센트로 감소할 것이며, 1퍼센트에도 미치지 않을 것이다.

이 예측은 다른 대다수 예측과 수치가 거의 접근한다. 〈차이나 이코노미China Economy〉[4]는 2018년 9월 18일 스탠다드차타드 은행 글로벌 연구부 중화권 및 북아시아 수석이코노미스트 겸 상무이사 딩솽丁爽의 말을 보도했다. 그는 두 차례에 걸친 총 500억 달러의 제재와 3차의 2,000억 달러의 제재를 통해 중국의 GDP가 0.6퍼센트 하락할 것으로 내다봤다. 이는 미국이 나중에 추가하겠다고 공언한 2,670억 달러는 계산에 넣지 않은 수치다. 그러나 앞에서 말한 0.84퍼센트는 무역협상이 파국으로 끝났을 때를 가정한 것으로, 앞으로 추가될 제4차 제재 2,670억까지 계산에 넣은 수치다(2018년 12월 기준). 다시 말해 미국이 중국의 모든 수입품에 대해 25퍼센트의 추가관세를 부과하는 상황을 가정한 것이다.

〈니혼게이자이〉신문 중국어판[5]의 2018년 9월 29일 보도에 따르면, 아시아개발은행ADB, Asian Development Bank은 양국이 상대방의 모든 수입품에 25퍼센트의 관세를 부과할 경우 중국의 GDP가 약 1퍼센트 하락할 것으로 예측했다. 대만 언론 〈렌허신원왕聯合新聞網〉[6]은 2018년 11월 15일자 보도에서 스탠다드앤드푸어스Standard & Poor의 정부 및 공공산업 신용분석가 천진룽陳錦榮의 말을 인용했다. 그는 현재 무역전쟁이 중국 경제 성장에 뚜렷한 영향을 미치는 것으로 보이지 않지만, 장기적으로 볼 때 중국 경제 성장에 미치는 직접적 영향이 1퍼센트에 달할 것으로 예측했다. 〈차이나 이코노미〉는 2018년 9월 18일자 보도에서 무디스Moody's 신용대출표준연구집단 부총재 리밍주李明珠의 말을 인용해, 앞선 두 차례의 무역제재와 제3차 무역제재까지 합하면 중국 GDP에 0.3~0.5퍼센트의 부정적 영향을 미칠 것이라고 말했다. 중국 최대 증권사 중의 하나인 궈타이쥔안 증권國泰君安證券은 앞선 두 차례의 무역제재와 제3차 무역제재까지 합하면 중국 GDP에 0.55퍼센트의 부정적 영향을 미칠 것으로 예측했다.

이상의 예측 결과를 살펴볼 때 하락폭은 크지 않다. 그러나 이는 민간소비와 투자를 포함한 다른 조건이 변하지 않는다는 가정하에 내려진 예측이다.[7] 사실상 이러한 변수는 변화가 없을 수 없으며, GDP에 중대한 영향을 미칠 것이다.

구체적인 영향은 사실 2018년 3분기부터 이미 중국의 각 지표에 나타나고 있다.

첫째, 2018년 3분기의 GDP 성장률은 6.5퍼센트로 시장의 예측보다 낮으며, 금융위기를 겪었던 2009년 1분기 이후 가장 낮은 성장률을 기록했다. 2018년 글로벌 성장률은 6.6퍼센트로 28년 만에 최저치를 기록했다.

둘째, 중국(정부 발표) 제조업구매관리자지수PMI는 2018년 5월의 51.9에서 12월 49.4로 하락하여 50 미만이다. 이는 상대적 낙관 영역에서 상대적 비관 영역으로 진입한 것이다.

셋째, PMI 중 '신규 주문' 지수는 2018년 5월 53.8에서 12월 49.7로 하락했으며, 같은 기간의 '완제품 재고'는 46.1에서 48.2로 상승했다. 일반적으로 경기가 하락 국면으로 접어들기 시작할 때 신규 주문은 감소하기 시작하며 재고는 상승하기 시작한다. 경기의 지속적 하락이 이미 확정되었을 때 업체는 생산을 줄이기 시작하며 재고도 감소한다. 이런 요소를 고려할 때, 현재 PMI 지수(국제적으로 통용되는 정의로 볼 때, 재고 증가는 상승 신호로 간주된다)가 이미 50 이하로 떨어졌더라도 이 수치가 중국 경기의 하락 추세를 제대로 반영한 것은 아니라고 본다.

넷째, 중국 공업생산 성장률은 2018년 5월 6.8퍼센트에서 11월 1일 5.4퍼센트로 하락했다. 그중 자동차 생산 연간성장률이 같은 기간 9.5퍼센트에서 -16.7퍼센트로 급락한 것은 경고의 신호로 보인다. 제조업 이익은 2018년 6월부터 급락했으며, 특히 자동차 제조 분야에서 하락세가 두드러진다. 투자와 밀접한 관계가 있는 일반 설비업체와 특수 설비업체의 이익 하락도 상당히 심각하다.

물론 이러한 경제 전반에 걸친 역전 상황은 아직 '공황'의 정도에는 미치지 않았으며, 앞으로 재정정책과 통화정책을 통해 적절히 상쇄될 가능성이 많다. 그러나 분명히 말할 수 있는 점은 무역전쟁의 실제 효과가 이미 드러나고 있으며, 단순히 공급체인 조정을 고려하여 도출하는 계산 결과보다는 훨씬 크다는 것이다.

이밖에 중국 사회과학원이 최근 무역전쟁의 효과에 대해 평가하는 연구 보고서를 발표했다. 이 보고서에서는 다음과 같은 가상 시나리오를 제시했다.

첫째, 미국이 600억 달러 상당의 중국 상품에 25퍼센트의 관세를 부과하고, 중국은 600억 달러 상당의 미국 상품에 25퍼센트의 관세를 부과한다.

둘째, 미국이 2,000억 달러 상당의 중국 상품에 10퍼센트의 관세를 부과하고, 중국은 600억 달러 상당의 미국 상품에 10퍼센트 또는 5퍼센트의 관세를 부과한다. 이상은 현재 무역마찰의 진전 상황이다.

셋째, 미국은 중국의 모든 수입 상품에 25퍼센트의 관세를 부과하며, 중국도 미국의 모든 수입 상품에 25퍼센트의 관세를 부과한다.

이 보고서의 연구 결론은 다음과 같다.[8]

첫째, 미중간 무역마찰이 중국 경제에 미치는 부정적 영향이 미국보다 크다. 중국의 경제 발전에 불리한 반면, 다른 나라에게는 긍정적 영향이 더 클 것이다. 특히 중국 상품의 대체 국가인 베트남과 멕시코가 가장 큰 수혜를 입을 것이다. 이런 요소로 인해 베트남의 GDP는 18퍼센트, 멕시코의 GDP는 0.8퍼센트 성장할 것으로 예측한다.

둘째, 무역마찰이 미국 수출에 미치는 부정적 영향과 충격이 크다. 앞서 언급한 3가지 가상 시나리오가 실현된다고 가정하면, 중국의 수출은 각각 약 4.2퍼센트, 7.5퍼센트, 9.7퍼센트 하락하며, 미국의 수출은 각각 약 5.1퍼센트, 8.8퍼센트, 10.9퍼센트 하락한다.

셋째, 두 번째 시나리오가 실현된다고 가정하면, 중국의 일자리는 860만 개 감소하고 미국은 125만 개 감소할 것이다.

넷째, 무역마찰이 지속될 경우, 2025년까지 동태모의실험으로 도출한 결론은 미중 무역마찰이 중국 경제에 대해 부정적 영향을 지속하는 시간이 더 길고, 미국 경제에 대해 부정적 영향을 지속하는 시간은 상대적으로 짧다는 것이다.

중국 인민人民대학교의 중국거시경제포럼(2018)에서 예측한 바에 따르면, 2018년 중국 GDP는 6.6퍼센트 성장하여 2017년의 6.9퍼센트보다 낮을 것이며, 2019년에는 6.3퍼센트 성장(재정정책의 부양 효과를 이미 고려한 수치)하여 2018년보다 낮을 것으로 예측했다. 고정자산 투자의 경우, 2018년 6.3퍼센트 성장을 예측하여 2017년의 7.2퍼센트보다 낮다. 2019년에는 더욱 축소된 5.9퍼센트 성장을 예측했다. 민간소비의 2017~2019년(2018년과 2019년은 예측 수치이며, 이하 동일함)의 성장은 각각 10.2퍼센트, 9.4퍼센트, 9.0퍼센트로 점점 하락한다고 말할 수 있다. 수출의 경우 2017~2019년 성장률이 각각 7.9퍼센트, 12.0퍼센트, 6.1퍼센트이며, 그중 2018년의 수치는 단기 효과로, 즉 미국 수입업체가 향후 더 높아질 관세를 피하기 위해 중국으로부터 긴급히 수입한 효과가 나타난 것이다.[9]

## 각 산업별 영향

2018년 미국은 세 차례에 걸쳐 제재 품목을 발표했다. 총 6,831개 항목(HS코드 8단위 관세 항목표)의 제재 품목은 다음의 표에 나와 있다.[10] 그중 제1차 제재를 가한 총 818개 항목은 수입품 가치 (2017년 자료로 예측 계산, 이하 동일) 약 340억 달러 상당에 달하며, 2018년 7월 6일부터 발효되었다. 산업별로 보면 전자 및 광학 설비 제품, 기타 기계 설비 및 운송수단에 집중되어 있다.

제2차 제재는 총 279개 항목으로, 수입품 가치 약 160억 달러 상당에 달하며, 2018년 8월 23일부터 발효되었다. 산업별로 보면 화학 및 화학제품, 고무와 플라스틱 제품, 전자 및 광학 설비 제품에 집중되어 있다.

제3차 제재는 총 5,734개 항목으로[11], 수입품 가치 약 2,000억 달러 상당에 달하며, 2018년 9월 24일부터 발효되었다. 항목의 범위가 광범위하여 앞선 두 차례의 중점 산업(화학 및 화학제품, 전자 및 광학 설비, 기타 기계 설비)이 여전히 포함되며, 여기에 많은 소비재 항목이 추가되었다. 방직 및 염색업, 기성복과 피혁업, 식품, 음료 및 담배 산업이 여기에 해당된다.

공저자와 함께 별도로 계산을 해보았다. 문헌자료에 근거하여 미국이 중국에서 수입하는 상품과 기타 지역에서 수입하는 상품 사이에는 불완전한 대체관계가 있으며, 그 아밍턴 Armington

미국의 301조 제재 명단(ISIC 산업 분류)

(단위: HS코드 8단위 관세 제품 항목 수)

| 산업 분류 | 회차별 | | | |
|---|---|---|---|---|
| | 제1차 | 제2차 | 제3차 | 3회 합계 |
| 농업, 수렵업, 임업, 어업 | 0 | 0 | 378 | 378 |
| 광업 및 토석 채취업 | 0 | 0 | 86 | 86 |
| 식품, 음료 및 담배 산업 | 0 | 0 | 632 | 632 |
| 방직 및 염색업, 의류 및 피혁업 | 2 | 0 | 1003 | 1005 |
| 목재 제조업 | 0 | 0 | 236 | 236 |
| 종이 및 종이제품 제조업, 매체출판, 인쇄 및 인쇄업 | 1 | 0 | 240 | 241 |
| 코크스, 석유제품 정제 및 핵연료 제조업 | 1 | 3 | 33 | 37 |
| 화학 및 화학 제품 | 1 | 88 | 1386 | 1475 |
| 고무와 플라스틱 제품 | 3 | 63 | 167 | 233 |
| 기타 비금속 제품 | 0 | 1 | 233 | 234 |
| 기본 금속과 금속 제품 | 7 | 9 | 499 | 515 |
| 전자 및 광학 설비 제품 | 305 | 53 | 320 | 678 |
| 기타 기계 설비 | 400 | 31 | 187 | 618 |
| 운송 설비 | 92 | 31 | 143 | 266 |
| 기타 제품, 회수업 | 6 | 0 | 90 | 96 |
| 수도전기 가스 공급업 | 0 | 0 | 1 | 1 |
| 인수 합병, 임대 및 기타 상공업 활동 | 0 | 0 | 2 | 2 |
| 기타 개인 서비스 | 0 | 0 | 3 | 3 |
| 국제 기구 및 외국 기구 | 0 | 0 | 95 | 95 |
| 총계 | 818 | 279 | 5,734 | 6,831 |

출처: 본 연구 통계의 출처는 미국 301조 리스트이며, 원시자료의 출처는 다음과 같다.

1. https://ustr.gov/about-us/policy-oces/press-oce/press-releases/2018/july/ustr- releases-product-exclusion
2. https://ustr.gov/about-us/policy-offices/press-office/press-releases/2018/august/ ustr-nalizes-second-tranche
3. https://ustr.gov/about-us/policy-offices/press-office/press-releases/2018/ september/ustr-nalizes-taris-200

대체탄력성[12]이 세계은행의 통용 수치라고 가정했다. 이런 요
소에 근거하여 과거 미국이 중국에게 수입한 각 산업의 금액에

서 세 차례의 관세[13]로 인해 중국 산업의 대미수출액이 어느 정
도 변동하는지 예측해보았다. 그 결과는 다음의 표와 같다.

표에서 볼 수 있듯이, 타격을 가장 많이 받은 산업의 해당 제
품 대미수출 하락률이 가장 큰 것으로 예측되며, 그 순서는 다
음과 같다(영향을 받는 비율이 20퍼센트를 넘는 산업만 표시함).

미국의 관세제재가 중국산 수입품 금액에 미치는 영향(변동률) 예측

(단위: 퍼센트)

| 산업별 | 제1차 | 제2차 | 제3차 | 합계 |
|---|---|---|---|---|
| 농업, 수렵업, 임업, 어업 | 0.0 | 0.0 | -12.1 | -12.1 |
| 광업 및 토석 채취업 | 0.0 | 0.0 | -7.3 | -7.3 |
| 식품, 음료 및 담배 산업 | 0.0 | 0.0 | -21 | -21 |
| 방직 및 염색업, 의류 및 피혁업 | 0.0 | 0.0 | -6.2 | -6.2 |
| 목재 제조업 | 0.0 | 0.0 | -32.2 | -32.2 |
| 종이 및 종이제품 제조업, 매체출판, 인쇄 및 인쇄업 | -0.1 | 0.0 | -22.4 | -22.5 |
| 코크스, 석유제품 정제 및 핵연료 제조업 | 0.0 | 0.0 | -33.3 | -33.3 |
| 화학 및 화학 제품 | 0.0 | -1.9 | -20 | -21.9 |
| 고무와 플라스틱 제품 | -1.1 | -2.9 | -18.8 | -22.8 |
| 기타 비금속 제품 | 0.0 | -0.1 | -26 | -26.1 |
| 기본 금속과 금속 제품 | 0.0 | -2.4 | -24 | -26.4 |
| 전자 및 광학 설비 제품 | -2.7 | -1.5 | -9.2 | -13.4 |
| 기타 기계 설비 | -11.1 | -1.6 | -16.4 | -29.1 |
| 운송 설비 | -8.0 | -1.4 | -30.5 | -39.9 |
| 기타 제조, 제조제품 회수업 | -0.2 | 0.0 | -9.3 | -9.5 |

출처: 저자 자체 계산
주: 표의 숫자는 영향을 받은 상품의 수입 감소가 원래 미국이 중국으로부터 수입한 각 해당 상품의 총 금액에서 차지하는 비율을
가리킨다.

1. **운송수단**: 주로 자동차가 해당된다. 앞에서도 언급했듯이 중국 자동차 제조업의 생산 규모가 최근 몇 달간 매우 큰 폭으로 하락한 것도 당연하다.

2. **코크스, 석유제품 정제 및 핵연료 제조업**: 코크스, 석탄제품, 석유정제 각종 연료유를 포함한다.

3. **목재 제조업**: 주로 가구가 해당된다.

4. **기타(전자 및 광학제품 외) 기계 설비**: 주로 각종 산업용 기계(최근 몇 달간 생산지수가 하락한 전문 기계) 또는 공작 기계(최근 몇 달 간 생산지수가 하락한 일반 기계)

5. **기본 금속과 금속 제품**: 철강, 주물 등의 철강 제품, 각종 금속 제품, 알루미늄 건축자재, 금속으로 제작한 식기 등의 각종 소비품

6. **기타(가소화 외) 비금속 제품** : 유리, 시멘트, 세라믹, 석재 등

7. **고무와 플라스틱 제품**: 타이어, 각종 플라스틱 또는 고무로 만든 일용품, 완구 등

8. **종이 및 종이 제품 제조업, 인쇄 및 인쇄업**: 종이와 포장용 종이 등

9. **화학 및 화학 제품**: 각종 화학 제품 및 화공 원료 포함, 인조섬유 및 그 제품의 업스트림 원료

자오훙옌, 성류강(2018)의 글에도 산업별로 설명되어 있는데, 내용을 정리하면 다음과 같다. 두 차례에 걸친 미국의 제재로 중국이 가장 심각한 손실을 입는 품목은 주로 첨단 제조업,

기계 설비류(HS코드 84 - 90)이며, 수출 손실은 약 144억 달러로 전체 수출 손실의 94퍼센트를 차지한다. 하이엔드High-end 제조업은 외국 업체의 비율이 높으며, 외국인 단독기업과 합작기업의 수출 손실을 합하면 60퍼센트에 달한다. 제3차 제재는 전기전자설비와 기계 등 하이엔드 제품 업종에만 해당되는 것이 아니며, 수많은 로엔드Low-end 제조업 제품(면화, 판지와 펄프, 목제품 등)과 소비재(식품, 방직품, 가구 등)도 포함된다. 미국의 2017년 중국 제품 수입 통계에 따르면 이번 제재 명단에 전기전자설비와 기계류 두 업종의 중국 수입품은 약 900억 달러로, 전체에서 45퍼센트를 차지한다. 따라서 중국의 첨단제조업은 여전히 미국의 주요 타격 목표이다. 이번 제재에서 미국의 대중 수입 의존도가 높은 제품도 일부 속해 있었다. 명단에는 5,306개의 HS 8단위 상품의 무역 품목이 있었는데, 그중 의존도가 80퍼센트를 넘는 상품이 517개(전체에서 차지하는 비율 10퍼센트), 60퍼센트가 넘는 상품은 1,047개(전체에서 차지하는 비율 20퍼센트), 50퍼센트를 넘는 상품은 1,337개(전체에서 차지하는 비율 25퍼센트)였다. 의존도가 높은 이 제품들은 다른 국가의 수입품으로 중국산을 대체하기에도 어려움이 있다. 따라서 미국에도 상당한 피해를 초래하게 된다. 두 번째(제3차) 관세 명단으로 인해 중국의 노동 취업 시장에 일정한 압박이 가해지고 가공 무역 손실은 더욱 커질 것이다.

## 기타 파생적 영향

무역전쟁이 중국 경제에 미치는 파생적 영향은 4개의 문제로 집약된다.

첫 번째 문제, 소비 하락이다. GDP가 하락하면 소비력이 하락할까?

두 번째 문제, 투자 감소다. 무역전쟁과 대미수출 감소는 투자 의향에 영향을 미칠 것이다. 일부 수출업체가 공장을 다른 나라로 이전하여 투자가 증가하지 않는 것은 물론 오히려 감소하지 않을까?

세 번째 문제, 금융 리스크다. 중국은 현재 금융 구조조정을 실시하고 과도한 대출한도를 규제하고 있으며, P2P 금융업(이미 많은 업체가 도산했음)을 단속하고 있다. 신뢰 부족으로 금융 리스크가 발생하지는 않을까?

네 번째 문제, 전면 대치다. 미중 간에 다른 마찰이 발생하여 전면적인 상업적 대치, 심지어 무력대치로 비화되지는 않을까?

소비는 무역전쟁으로 인해 하락할 것이며, 투자도 당연히 저하될 것이다. IMF(2018년)는 무역뿐만 아니라 투자효과에 대해서도 추가로 예측했는데, 무역전쟁으로 인해 향후 2년간 중국

GDP는 총 1.6퍼센트 하락할 것으로 예측했다.[14]

앞에서 소개한 일본의 역사적 경험으로 볼 때, 일본은 '업그레이드'와 '우회진출'을 통해 역경을 헤쳐나갔으며, 가공과 조립라인을 일본에서 한국, 대만, 동남아 국가와 중국으로 이전했다. 이것이 '우회진출'이다. 최종 조립상품 수출에서 중간원료와 부품 및 기기 설비 수출로 발전한 것이 '업그레이드'에 해당한다.

중국 본토 업체와 중국에 진출한 대만 업체들도 미들스트림과 업스트림으로 업그레이드를 하고, 이어서 다운스트림 라인을 일대일로一帶一路 국가로 옮기는 것을 고려할 수 있다. 이 방법이 순조롭게 진행될 경우, 중국의 대미 무역흑자가 감소하여 동남아, 인도, 아프리카 등지의 대미 무역흑자로 전환될 것이다.

일부 업체는 '주문 이전' 방식으로 대응하기도 한다. 가령 볼보Volvo 자동차[15]는 중국에서 미국으로 수출하는 SUV차량 'XC60'을 청두成都 공장에서 수출하고 있었고, 얼마 전 S60 인스크립션 Inscription 전장 추가 버전도 같은 공장에서 수출했다. 그러나 이번 관세 폭탄의 영향으로 볼보 자동차는 스웨덴 공장의 XC60모델을 수출하는 것으로 변경했으며, 청두 공장에서 미국으로 수출하기로 되어 있던 생산분은 미국 이외의 지역으로 수출함으로써 타격을 줄였다.

외국 자본이 철수할 가능성이 있지만 철수하지 않거나 일부만 철수할 수도 있다. 후자를 택하는 것은 어차피 대미수출이 중국의 총 수출에서 차지하는 비율이 18.5퍼센트인데다 지금도 계속 하락하고 있기 때문이다. 이는 중국이 시장을 분산하고 있으며, 다른 나라(특히 아시아)도 빠른 속도로 성장하고 있음을 말해준다. 중국은 국내 소비시장 자체의 성장도 빠르기 때문에 외국 자본이 중국에서 철수한다고 해도 나머지 81.5퍼센트는 중국에서 생산하게 될 것이다. 다른 나라는 아무래도 중국보다 생산 비용이 많이 들기 때문이며, 그렇지 않았다면 외국 자본은 진작 철수했을 것이다.

그러나 외국 자본의 대부분, 또는 전체가 철수할 수도 있는데, 이는 불확실성을 우려하기 때문이다. 미중 무역전쟁의 미래가 불투명한 것 자체가 불확실성을 내포하고 있다. 이밖에 중국의 노동 비용이 최근 큰 폭으로 올랐으며, 다른 생산기지 (가령 베트남) 측이 충분한 우대혜택을 제공한다면 '우회진출'을 할 가능성이 있다.

# 한국 경제에
# 미치는 영향

## 한국의 GDP 하락

최근 OECD 자료
에 따르면[16], 중국의 대미 수출금액이 연쇄효과를 거쳐 축적된
후, 각국의 GDP가 영향을 받게 될 것이라고 한다. 이 자료에
의하면, 중국의 대미 수출금액이 100달러 하락할 때마다 영향
을 받는 경제 주체는 한국(2.1달러), 미국(2.0달러), 일본(1.7달러),
대만(1.7달러), 독일(0.8달러) 등이 있다. 앞서 소개한 중국 사회과
학원의 연구 보고서에서 발표한 최악의 가상 시나리오는 중국
이 미국에 수출하는 모든 제품에 25퍼센트의 관세가 부과되는
것으로, 이렇게 될 경우 수출은 30퍼센트 감소할 것이다.

2017년 중국의 대미 수출액(중국 정부 측 자료에 근거함) 4,297.6억 달러로 계산할 경우, 30퍼센트에 해당하는 약 1,290억 달러가 감소할 것이며, 한국 GDP가 받는 영향은 약 27.1억 달러로, 한국 GDP의 0.18퍼센트에 해당한다.

## 산업별 영향

산업별로 살펴보면 가장 큰 영향을 받는 품목은 컴퓨터, 전자, 광학 제품으로, 산업 전체에 미치는 영향의 약 3분의 2를 차지한다(다음의 표 참조). 그밖에 영향을 받는 산업의 비율은 높지 않으며, 주로 전력설비, 방직·의류·피혁 관련 제품, 기타 기계

중국의 대미수출제품 관세부과 후 한국 GDP에 영향을 미치는 산업별 비율

(단위: 퍼센트)

| 산업 | 비율 |
|---|---|
| 컴퓨터, 전자, 광학 제품 | 66.05 |
| 전력 설비 | 7.89 |
| 방직·의류·피혁 제품 | 5.52 |
| 기타 기계 설비 | 4.64 |
| 화학과 비금속 광물 제품 | 4.55 |
| 기타 제조, 기계 설비 수리와 설치 | 3.12 |
| 자동차, 트레일러 및 세미트레일러 | 2.74 |
| 기본 금속과 금속 제품 | 2.45 |
| 기타 | 3.05 |
| 합계 | 100.00 |

출처: 저자 자체 계산, 원시자료는 OECD TiVA 데이터 베이스

설비, 화학과 비금속광물 제품 등이다.

그러나 이렇게 공급체인 반응만 단순히 고려한 분석은 무역전쟁이 한국에 미치는 영향을 낮게 평가한 것이다. 첫째, 많은 한국 기업들이 중국에 공장을 설립해 생산을 하고 있으며, 그중 상당한 비율은 수출용으로 제조해 미국에 수출하고 있다. 2016년 중국의 대미수출 기업 100대 기업에는 한국 업체가 6개나 포함되었으며, 13위를 차지한 랑차오 LG 디지털 모바일 커뮤니케이션Langchao LG Digital Mobile Communication Co., Ltd., 38위의 삼성전자(중국)Samsung(China) Semiconductor, 61위의 텐진 삼성전기Tianjin Samsung Electronic Co. Ltd, 55위의 칭다오 LG 인스퍼 디지털 커뮤니케이션 Qingdao LG Inspur Digital Communication Co., Ltd., 79위의 LG 일렉트로닉스(쿤산) 컴퓨터LG Electronics(Kunshan) Computer Co., Ltd., 97위의 L&T 디스플레이 테크놀러지L&T Display Technology(Fujian) Ltd.이다. 미중 무역전쟁이 지속되고 확대된다면 이 업체들은 큰 타격을 입을 것이다.

사실상 외국 자본은 중국 수출의 주력군[17]이기 때문에 미중 무역분쟁이 발생하면 가장 직접적으로 영향을 받는 대상은 외국 자본이 될 것이다. 외자 기업 중에서도 대만 기업이 받는 영향이 한국보다 클 것이다. 2016년 중국의 대미수출 20위권에 든 합작기업 중 15개가 대만 기업이고, 한국 기업은 1개다.

중국에 있는 한국 업체들이 미중 무역전쟁의 영향을 받아 중

| | | | |
|---|---|---|---|
| 1위 | 훙푸진鴻富錦 정밀전자 유한공사(대만) | 11위 | 선전 이다퉁 기업서비스深圳市一達通企業服務 유한공사(중국) |
| 2위 | 다궁達功(상하이) 컴퓨터 유한공사(대만) | 12위 | 잉예다英業達(충칭) 유한공사(대만) |
| 3위 | 창숴과기昌碩科技(상하이) 유한공사(대만) | 13위 | 랑차오 LG 디지털 모바일 커뮤니케이션浪潮樂金數位移動通信 유한공사(한국) |
| 4위 | 밍숴컴퓨터名碩電腦(쑤저우) 유한공사(대만) | 14위 | 웨이신정보緯新資通(쿤산) 유한공사(대만) |
| 5위 | 런바오 정보기술仁寶資訊技術(쿤산) 유한공사(대만) | 15위 | 폭스콘 정밀전자富士康精密電子(타원) 유한공사(대만) |
| 6위 | 훙푸진鴻富錦 정밀전자(청두) 유한공사(대만) | 16위 | 런바오 정보공업仁寶資訊工業(쿤산) 유한공사(대만) |
| 7위 | 다펑達豐(충칭) 컴퓨터 유한공사(대만) | 17위 | 쑤저우 더윌다蘇州得爾達 국제물류유한공사(중국) |
| 8위 | 웨이촹리偉創力 제조(주하이) 유한공사(싱가포르) | 18위 | 스숴전자世碩電子(쿤산) 유한공사(대만) |
| 9위 | 다펑達豐(상하이) 컴퓨터 유한공사(대만) | 19위 | 다푸 컴퓨터達富電腦(창수) 유한공사(대만) |
| 10위 | 다이얼戴爾, Dell(청두) 유한공사(미국) | 20위 | 웨이촹즈퉁緯創資通(중산) 유한공사(대만) |

출처: 〈쥐헝망〉(2018년 3월 27일자), https://news.cnyes.com/news/id/4078518.

국을 떠날까? 그럴 가능성도 있다. 게다가 보도에 따르면 이러한 업체 이전은 벌써부터 시작되었다. 2016년 한국이 미국의 사드 미사일방어체계THAAD, Terminal High Altitude Area Defence System 배치에 동의한 후로, 중국에서 한국 제품 불매 운동이 시작되었고, 많은 한국 기업들이 중국에서의 규모를 축소하거나 심지어 다른 곳으로 이전했다. 업체 이전이 발생한 다른 원인으로는 중국 본토 업체의 성장으로 한국 업체의 시장 점유율 저하와 나날이 상승하는 중국의 노동원가 등이 있다.

그러나 보도에 따르면(가령 홍콩의 〈사우스 차이나 모닝 포스트South China Morning Post〉 '중국 경제' 컬럼, 2019년 7월 4일자), 롯데 그룹과 삼성

등 한국 업체가 중국 공장을 이전하는 목적지는 모두 베트남이며, 한국으로 철수하는 것이 아니다. 이런 추세는 중국에 투자한 다른 나라 기업들과 상황이 유사하다. 〈아시아 닛케이 신문亞洲日經新聞〉(2019년 7월 18일자)은 중국에 투자한 일본과 대만의 대기업 30개 중 절반이 인도, 베트남, 태국 등 다른 아시아 국가로 이전할 계획이라고 밝혔다. 3개 기업은 멕시코로 이전할 계획이며, 1개 기업(자동차 부품을 제조하는 일본 미츠바Mitsuba)만 미국으로 일부 이전할 계획이라고 전했다.

## 대중수출 감소에 대한 대안의 필요성

한국이 주목할 점은 다음과 같다. 한국은 중국에 전자산업 등의 주요 업스트림 부품과 원료를 공급하고 있는데, 중국이 무역전쟁으로 인해 경제 성장 둔화를 겪게 됨에 따라 업스트림 제품에 대한 수요도 하락할 것이며, 그 결과 한국의 대중수출에도 영향을 미친다는 점이다. 가령 2019년 상반기에는 2018년 같은 기간에 비해 수출액이 17.1퍼센트 감소했다. 설령 무역전쟁이 발생하지 않는다고 해도 중국이 2단계 수입대체를 위한 공업화를 시작할 때, 즉 중국이 국산으로 수입품을 대체하는 1단계 수입대체에 이어 저가 벌크원료 및 부품의 수입처를 대체하기 시작한다면 한국의 대중수출 규모에 부정적 효과를 초래할 수 있다. 필자의 연구(Chu and Ou, 2018)에 따르면 이러한 2단계 수입대체 효과는 2012년부터 2014년 사이에 이미 나타나기 시작했으며, 이는 중국 GDP 성장에 기여하는 중요한 역량이 되었다.

그렇다고 해서 중국이 한국의 수입품을 대규모로 대체한다는 의미는 아니며, 한국이 이미 경쟁력을 잃었다는 의미도 아니다. 일찍이 한국과 대만도 제2단계 수입대체를 진행해 한때 일본의 공급업체에 위협이 되기도 했다. 그러나 오늘날 일본의 제조업은 여전히 그 지위를 유지하고 있으며, 그 비결은 업그레이드와 우회진출에 있었다. 자세한 상황은 이 책의 일본의 상황에 관한 분석을 참조하기 바란다. 한국도 틀림없이 같은 길을 가게 될 것이다.

마지막으로 제시하고 싶은 것은 '주문 이전' 효과다. 즉 무역전쟁이 발생하면, 수출주문을 받은 후 생산지를 이전하는 방식으로, 원래 중국 공장에서 생산하던 대미수출 상품을 (내수용 상품을 공급하거나 다른 지역으로 수출하는) 한국 본토로 옮겨 생산하는 것이다. 필요할 때 노동자를 더 채용하고 생산라인을 확충하면 된다. 내수에 필요한 상품은 중국이나 기타 지역 공장에서 공급하면 된다. 대만에서 이 효과를 본 업종은 주로 인터넷 통신설비와 서버다. 이 업종의 한국 업체도 '주문 이전' 효과를 볼 수 있지만, 제품의 종류가 다르고 한국의 생산원가도 다르기 때문에 무역전쟁에 따른 전체적인 부정적 효과를 상쇄하기에는 부족하다.

2019년 상반기에 무역전쟁이 시작되자 아시아 대다수 국가의 수출은 2018년 같은 기간에 비해 둔화되었다. 한국은 2018년 상반기 대비 8.5퍼센트 하락하여 다른 아시아 지역보다 하락폭이 컸다. 같은 기간 한국의 대미수출은 7.2퍼센트 증가하여 '주문 이전' 효과가 확실히 있는 것 같지만 상황을 역전시키기에는 충분하지 않다.

# 공급체인 효과의 측정

## 무역전쟁의 연쇄적 파장

여기서는 앞에서 언급한 무역전쟁 공급체인 효과를 어떤 공식으로 산출하는지 설명하려고 한다. 경제 활동에서는 작은 부분이 전체에 영향을 미친다. 일반적인 GDP 공식으로 무역전쟁이 한 국가의 수출입에 미치는 영향을 계산한다면 지나치게 단순한 생각이다. 자칫 큰 편차를 초래할 우려가 있다.

GDP = 민간소비 + 정부소비 + 투자 + 수출 − 수입

(이하 'GDP 1공식'으로 약칭)[18]

| 발단 | 공급체인 효과의 순서 | | | | |
|---|---|---|---|---|---|
| | 1 | 2 | 3 | 4 | 5 |
| 미국이 중국의 특정 제조업 수출품에 대해 추가 관세를 부과함 | 중국의 해당 제조업 수출 하락(←로 표시) | 중국의 해당 제조업 생산총액 ↓ | (a) 해당 업종 부가가치 ↓ | (a) 국민소득 ↓ | (a) 각 산업에 대한 민간소비 ↓ |
| | | | (b) 중국 국내 각 산업 중간재 구매 ↓ | (b) 중국 국내 각 해당 산업 생산총액 ↓ | (b.1) 각 해당 업종 부가가치 ↓<br>(b.2) 각 해당 업종의 국내 중간재 구매 ↓<br>(b.3) 각 해당 업종의 외국 중간재 구매 ↓ |
| | | | (c) 외국 각 산업 중간재 구매 ↓ | (c) 외국 각 해당 산업 생산총액 ↓ | (c.1) 외국 각 업종 부가가치 ↓<br>(c.2) 외국 각 해당 업종의 자국 중간재 구매 ↓<br>(c.3) 외국 각 해당 업종의 기타 외국 중간재 구매 ↓ |

무역전쟁이 GDP에 미치는 영향을 예측하려면 'GDP 1공식'을 다음 공식으로 바꿔야 한다.

GDP = 부가가치 비율[19] × (국산품 중간소비[20] + 국산품 민간소비 + 국산품 정부소비 + 국산품 투자 + 국산품 수출) (이하 'GDP 2공식'으로 약칭)

| 공급체인 효과의 순서(이어짐) | | | |
|---|---|---|---|
| 6 | 7 | 8 | 9 |
| (a)<br>산업별 생산총액<br>↓ | (a.1)<br>각 해당 업종 부가가치 ↓ | 이어짐 4(a) | … |
| | (a.2)<br>각 해당 업종의 국내 각종<br>중간재 구매 ↓ | 이어짐 4(b) | … |
| | (a.3)<br>각 업종의 외국 각 업종<br>중간재 구매 ↓ | 이어짐 4(c) | … |
| (b.1)<br>국민소득 ↓ | 이어짐 4(a) | … | … |
| (b.2)<br>업종별 생산총액 ↓ | 이어짐 4(b) | … | … |
| (b.3)<br>외국 산업별 생산총액 ↓ | 이어짐 4(c) | … | … |
| (c.1)<br>외국 국민소득 ↓ | 이어짐 4(a) 단, 외국임 | … | … |
| (c.2)<br>외국 산업별 생산총액 ↓ | 이어짐 4(b) | … | … |
| (c.3)<br>기타 외국 산업별<br>생산총액 ↓ | 이어짐 4(c)<br>단, 기타 외국임 | … | … |

미중 무역전쟁이 공급체인을 통해 중국의 GDP에 영향을 미치는 과정은 위의 표와 같다.

이렇게 한 라운드씩 이어지면서 다른 국가 간에 수출입을 통해 서로 전달되며 마지막에는 누적되어 피해가 쌓인다.

이른바 무역제재의 공급체인 효과가 바로 이러한 글로벌 무역의 수입과 수출을 통해 누적될 때, 중국과 대만의 전체 GDP

와 산업별 GDP는 영향을 받게 된다.

비교적 상세한 설명은 산업관련표에 나와 있으며, 206쪽에 첨부한 별첨을 참고하기 바란다.

따라서 미국이 중국의 수입 상품에 대해 제재를 가할 때, 이는 중국에만 피해를 주는 데 그치지 않고 중국에서 생산하는 데 사용된 세계 각국 공급업체의 제품에도 피해를 준다. 여기에는 미국도 포함된다.

다시 애플 아이폰 7 휴대폰을 예로 들어보자. 중국이 출고가 237.45달러의 아이폰 휴대폰 1대를 수출할 경우 마지막 조립 과정의 부가가치(임금+이익)는 8.46달러에 불과하다. 나머지 원가는 미국(68.7달러), 일본(67.7달러), 대만(47.8달러), 한국(16.4달러), EU(6.6달러) 등에 돌아간다. 따라서 미국이 중국에서 생산한 애플 아이폰 7 휴대폰의 수입을 금지한다면, 첫 번째 라운드의 직접적 효과로 볼 때, 중국의 GDP 손실은 8.46달러이며, 다른 지역(미국 본토 포함)의 직접적 손실은 더 크다.

대만의 부품 공급업체 폭스콘에 공급하여 아이폰 7을 조립하는 데 많은 회사들이 연관되며, 이들을 애플 개념주라고 부른다(다음 페이지 표 참조). 그들의 기여도를 다 합하면 47.8달러다. 그러나 이 과정은 첫 번째 라운드에 지나지 않으며, 두 번째 라운드가 되면 대만이 공급하는 부품들은 생산 과정에서 다른 지역(중국 포함)의 원료로 사용된다. 같은 이치로, 미국, 일본, 한국이 공급하는 부품 중에도 중국 및 기타 국가의 업스트림 원료와 부품에 사용되는 것이 있다. 두 번째 라운드 후에는 세 번째, 네 번째, 다섯 번째 ……, 이렇게 연쇄반응을 거친 후 누적된다.

이를 통해 글로벌 공급체인에 있는 모든 국가는 서로 맞물려 있기 때문에, 무역전쟁이 발생하면 승자가 없으며, 패자만 존재한다는 사실을 알 수 있다.

대만의 애플 아이폰 7 개념주

| 주식코드 | 회사 | 공급체인 지위 |
|---|---|---|
| 2311 | 르웨광日月光 | 밀봉포장 테스트 |
| 2317 | 훙하이鴻海 | OEM 조립 |
| 2330 | 타이지뎬台積電 | 웨이퍼 OEM |
| 2382 | 광다廣達 | OEM 조립 |
| 2354 | 훙준鴻準 | 케이스 |
| 2392 | 정웨이正崴 | 커넥터 |
| 2474 | 커청可成 | 케이스 |
| 3008 | 다리광大立光 | 렌즈 모듈 |
| 3189 | 징숴景碩 | IC 어미판 |
| 3376 | 신르싱新日興 | 허브 |
| 3673 | TPK-KY | 터치패드 |
| 4938 | 허숴和碩 | OEM 조립 |
| 4958 | 전딩臻鼎-KY | 연성인쇄회로(flexible printed circuit) |
| 6269 | 타이쥔台郡 | 연성인쇄회로(flexible printed circuit) |

출처: 경제일보經濟日報(2016년 7월 24일자)

## 산업관련표

산업관련표는 투입산출표投入産出表라고도 하며, 경제 주체 내의 각 업계가 상호교역 관계를 이해하는 기록이다. 여기서는 2014년 중국 산업의 실제 수치(백만 달러)를 예로 들어 산업관련표가 무엇이며, 그 안의 수치가 의미하는 바를 설명하려고 한다(첨부 표 참조).

이 표에서 산업을 '화학 및 그 제품 산업'과 '기타 산업' 두 개로 분류한 것은 예시에 불과하다. 실제로 운용할 때는 다양한 연구 필요성에 따라 산업을 적절하게 분류할 수 있다. 이 두 개의 산업에서 세로 항은 구매를 상징하며, 가로 열은 판매 및 공급을 나타낸다.

가령 1열 1항의 424,248백만 달러는 자국의 화학 및 그 제품 산업이 동종 업계에 공급하는 중간재, 즉 원료다. 1열 2항의

중국 산업관련표: 화학 및 그 제품 산업의 사례

(단위: 백만 달러)

| 산업 | 원산지 | | 원료수요:<br>화학 및<br>그 제품<br>(1) | 원료수요:<br>기타산업<br>(2) | 민간소비<br>(3) | 정부소비<br>(4) | 고정자본<br>형성<br>(5) | 재고<br>변동<br>(6) | 수출<br>(7) | 합계<br>(8) |
|---|---|---|---|---|---|---|---|---|---|---|
| 원료공급:<br>화학 및<br>그 제품 | 국산 | (1) | 424,248 | 811,751 | 23,283 | 12 | 3,782 | 760 | 97,481 | **1,361,317** |
| 원료공급:<br>기타 산업 | 국산 | (2) | 628,862 | 18,107,021 | 3,430,987 | 1,388,616 | 4,324,252 | 176,063 | 2,327,984 | **30,383,785** |
| 원료공급:<br>화학 및<br>그 제품 | 수입 | (3) | 43,792 | 83,027 | 2,505 | 45 | 677 | 82 | | 130,128 |
| 원료공급:<br>기타 산업 | 수입 | (4) | 37,050 | 1,210,630 | 180,481 | 17,739 | 247,052 | 19,756 | | 1,712,709 |
| 원료공급<br>총액 | | (5) | 1,133,953 | 20,212,429 | 3,637,256 | 1,406,412 | 4,575,763 | 196,662 | 2,425,464 | 33,587,940 |
| 간접세 | | (6) | | | | | | | | |
| 자국민<br>해외구매 | | (7) | | | 139,169 | | | | | |
| 외국인<br>현지 직접<br>구매 | | (8) | | | -55,920 | | | | | |
| 부가가치 | | (9) | 219,923 | 10,064,060 | | | | | | |
| 국제운송<br>차이 | | (10) | 7,440 | 107,296 | 10,842 | 14 | 20,944 | 1,711 | | |
| 합계 | | (11) | **1,316,317** | **30,383,785** | 3,731,347 | 1,406,426 | 4,596,707 | 198,373 | 2,425,464 | 67,175,880 |
| GDP = 10,515,480 | | | | | | | | | | |

출처: WIOD(2016); Timmer 외(2015)

811,751백만 달러는 자국의 화학 및 그 제품산업이 기타 산업에 공급하는 원료다. 같은 방법으로, 2열 1항의 628,862백만 달러는 자국의 기타 산업이 화학 및 그 제품 산업에 공급하는 원료의 총액이며, 2항 2열의 18,107,021백만 달러는 자국의 기타 산업이 기타 산업에 공급하는 원료 또는 중간재의 총액이다.

모든 원료를 자국 제품으로만 사용하지 않고 수입해서 사용할 수도 있다. 따라서 3열 1항의 43,792백만 달러는 화학 및 그 제품 산업이 수입한 화학 및 그 제품 산업의 제품이다. 같은 방법으로, 4열 1항의 37,050백만 달러는 화학 및 그 제품 산업이 기타 산업으로부터 구매한 수입 제품의 금액이다.

따라서 1항 전면의 4개의 숫자 합계가 바로 원료공급 총액 1조 1,339.53억 달러다. 그밖에 화학 및 그 제품 산업은 생산 과정에서 부가가치(인건비와 이익 포함) 219,923백만 달러가 발생하게 되며, 또 국제운송 차이는 국제무역 간 운반비를 지급하기 위해 지출해야 하는 금액이다.

부가가치와 이상의 원료공급 총액의 합계는 1조 3,613.17억 달러로, 화학 및 그 제품의 생산총액이라고 한다. 이 총액의 숫자는 반드시 이 표의 우측 상단 숫자인 1열 8항의 1조 3,613.17억 달러와 일치해야 한다. 1항 11열의 숫자가 공급을 대표하기 때문에 반드시 모든 공급원의 수요와 일치해야 하는 것이다. 즉

1열의 각 항으로, 자신의 업종이 자신의 중간재를 구매하는 것, 기타 산업이 자신의 업종에서 구매하는 중간재를 포함하고, 여기에 최종 수요의 항목을 포함한다. 여기에는 민간소비가 이 업종에서 구매하는 23,283백만 달러, 정부소비 구매 12백만 달러, 고정자본 형성(기업이 투자를 위해 구매한 화학 및 그 제품) 3,782백만 달러, 재고변동 760백만 달러와 수출 97,481백만 달러가 포함된다.

같은 이치로, 2항 11열의 30조 3,837.85억 달러라는 기타 산업의 공급도 마찬가지로 2열 8항의 숫자와 일치해야 한다. 그 부분도 흡수되어야 하기 때문이다. 다시 말해 각 수요처가 구매한 것이다. 이밖에 총수입도 계산해야 한다. 즉 3열의 합계 130,128백만 달러와 4열의 합계 1,712,709백만 달러가 총수입이다. 3항은 민간소비의 내용을 나타내며, 4열은 자국시장의 구매를 나타낸다. 자국민이 해외에서 구매한 것을 더하고 외국인이 이 나라에서 구매한 것을 빼며, 여기에 국제운송 차이를 더한 것으로, 그 총액은 3조 7,313.47억 달러가 된다.

같은 방법으로 계산한 정부소비 총액은 1조 4,064.26억 달러, 고정자본 형성 총액은 4조 5,967.07억 달러, 재고변동 총액은 1,983.73억 달러, 수출 총액은 2조 4,254.64억 달러이다.

이 표에 근거하면 사실상 GDP를 산출할 수 있다. 계산 방식에는 두 가지가 있다. 그중 하나는 지출 측면에 근거하며, 즉 소비총액(민간소비, 정부소비, 고정자본 형성, 재고변동의 합계)에서 수입을 빼는 것이다.

즉, 3,731,347 + 1,406,426 + 4,596,707 + 198,373 + 2,425,464 − 130,128 − 1,712,709의 계산 결과 약 10.5조 달러가 나온다.

다른 계산 방식은 소득 측면에 근거하며, 표 안의 부가가치 항목에 근거하여 합계를 내면 된다.

139,169 − 55,920 + 219,923 + 10,064,060 + 7,440 + 107,296 + 10,842 + 14 + 20,944 + 1,711, 계산 결과 약 10.5조 달러가 나온다. 이는 위의 지출 측면으로 계산한 결과와 동일하다.


## 무역 연쇄반응

경제 활동은 서로 연결되어 있으므로 무역감소가 해당 업종 부가가치에 미치는 직접적 효과만 보고 판단할 수 없으며, 어떻게 연결되는지를 알아야 한다. 다음의 표에서는 번호와 숫자를 이용하여 수출 하락의 연쇄반응을 설명했다. 자국 화학 및 그 제품의 수출 감소(①)는 자국 화학 및 그 제품의 원료공급 합계(②)에 영향을 미치며, 화학 및 그 제품 생산총액(③)에 연쇄적으로 영향을 미친다. 따라서 ④와 같이 이 업종의 인건비와 이익(부가가치)에도 영향을 미치며, 국산과 수입 중간재의 구입도

## 수출 변화가 산업체인에 미치는 영향 - 화학 및 그 제품 산업의 사례

무역 ① ➡ ② ➡ ③ ➡ ④ ➡ ⑤ ➡ ⑥ ➡ ⑦ ➡

전쟁 ◯ ➡ ◯ ➡ ◯ ➡ ▢ ➡ ▢ ➡ ◯ ➡ ▢ ➡

연쇄 반응  작은 변화가 ------------------------------------------------➡전체에 영향을 미친다

| 산업 | 원산지 | 원료수요: 화학 및 그 제품 | 원료수요: 기타산업 | 민간소비 | 정부소비 | 고정자본 형성 | 재고 변동 | 수출 ① | 합계 ② |
|---|---|---|---|---|---|---|---|---|---|
| 원료공급: 화학 및 그 제품 | 국산 | 424,248 | 811,751 | 23,283 | ⑤ 12 | 3,782 | 760 | 97,481 | 1,361,317 |
| 원료공급: 기타 산업 | 국산 | 628,862 | 18,107,021 | 3,430,987 | 1,388,616 | 4,324,252 | 176,063 | 2,327,984 | 30,383,785 |
| 원료공급: 화학 및 그 제품 | 수입 | 43,792 | 83,027 | 2,505 | 45 | 677 | 82 | ⑤ | 130,128 |
| 원료공급: 기타 산업 | 수입 | 37,050 | 1,210,630 | 180,481 | 17,739 | 247,052 | 19,756 | | 1,712,709 |
| 원료공급 총액 | | 1,133,953 | 20,212,429 | 3,637,256 | 1,406,412 | 4,575,763 | 196,662 | 2,425,464 | 33,587,940 |
| 간접세 | ⑦ | | | | ⑦ | | | | |
| 자국민 해외구매 | | | | 139,169 | | | | | |
| 외국인 현지 직접 구매 | ④ | | | -55,920 | | | | | |
| 부가가치 | | 219,923 | 10,064,060 | | | | | | |
| 국제운송 차이 | | 7,440 | 107,296 | 10,842 | 14 | 20,944 | 1,711 | | |
| 합계 ③ | | 1,316,317 | 30,383,785 | 3,731,347 | 1,406,426 | 4,596,707 | 198,373 | 2,425,464 | 67,175,880 |
| GDP = 10,515,480 | | | | ⑥ | | | | | |

출처: 앞의 표와 동일. 번호 자체 제작.

감소하게 된다. 이렇게 하면 ⑤를 통해 민간소비가 부가가치 하락으로 감소하며, 국산 중간재의 생산도 감소하는 것을 알 수 있다. 이는 두 업종의 생산총액에도 변화를 가져온다(⑥). 이어서 ⑦을 통해 두 업종의 부가가치에도 변화가 발생하며, 그 업종에서 사용하는 국내 및 수입 중간재도 변화하며, 민간소비는 GDP가 변화함으로 인해 또 변하게 된다. 이런 식으로 연쇄 반응이 계속되면서 그 결과로 이어진다.

각국이 가장 관심을 갖는 것은 최종 '부가가치'의 변동액이다. 모든 나라의 수출 금액 변동은 위에 이야기한 연쇄반응을 통해서 최종적으로 각국(자국 포함)의 각 업종별 부가가치로 변하기 때문이다.

# 무역전쟁이 일어나면
# 안 되는 이유

## 전부 패자로 만드는 연쇄 파급효과

이 책에서는 트럼프가 무역전쟁을 시작한 근본적인 원인과 무역전쟁이 중국과 한국 경제에 미치는 영향을 분석했다. 무역전쟁의 배경에 대해서는 투키디데스의 함정의 개념을 중심으로 설명했다. 즉 새로운 세력의 대두는 기존 세력의 두려움을 유발하여 전쟁을 일으킬 수 있다는 것이다. 미국과 전 세계 많은 사람들은 중국의 빠른 부상이 미국에 이미 위협을 주고 있으며, 미국은 이에 즉각 대응해야 한다고 말한다. 그러나 중국의 경제 발전을 미국이 주도하는 세계 질서에 도전하는 신흥 대국의 굴기로 바라보거나, 심지어 중국이 미국의 지위를 빼앗으려 한다는 시각은 실제 상황과는 동떨어져 있다. 이 책에서는 이 점을 분명히 지적하고 있다.

중국은 1979년부터 지금까지 40년간 경제를 발전시키고 일자리를 창출했으며 빈곤을 퇴치하고 인프라 건설에 힘썼다. 그 결과 중국의 경제 규모는 미국과 견줄 수 있을 정도로 성장했다. 19세기 아편전쟁 이후 겪었던 굴욕의 역사와는 완전히 결별했다고 할 수 있다. 여기서 분명히 말해 둘 점은 중급 기술부터 첨단 기술에 이르는 제품의 시장 점유율, 세계적 유명 브랜드, 종합 국력을 나타내는 각종 지표로 볼 때, 중국은 본질적으로 여전히 개발도상국이라는 것이다.

1인당 소득이 현저히 낮았던 50년 전과 비교하면, 오늘이 있기까지 중국이 경이로운 발전을 이룩한 것은 사실이다. 하지만 선진국과의 격차는 아직도 너무나 크다. 명목환율이나 구매력 평가를 보더라도 현재 중국의 1인당 총생산액은 세계의 중간 수준이며, 미국의 6분의 1에 불과하다. 이런 상황에서 중국을 고대 그리스 시대의 아테네에 비유하는 것은 지나친 생각이다. 아테네는 당시 대외 확장에 적극적이었으며, 강력한 해군을 보유한 중립 국가들과 연맹을 맺고 스파르타가 이끄는 펠로폰네소스 연맹과 싸웠다. 더군다나 상대의 식민지였던 자신의 동맹국을 공략하여 스파르타를 공포에 몰아넣었던 아테네에 비유한다는 것은 그야말로 지나친 비약이다.

문제는 미국이 적을 필요로 한다는 사실이다. 데이비드 로스코프의 말을 다시 한번 인용해보자. "미국은 줄곧 적을 찾아다닌다. 그들을 찾아내서 무찌르겠다는 의미가 아니라 미국은 마음 깊은 곳에 늘 적이 필요하다는 의미다. 정치인들은 적이 있는 것을 좋아한다. 적을 공격해야 대중을 선동하고, 그들의 관심을 국내 문제에서 다른 곳으로 옮기는데 유리하기 때문이다. 국방산업도 적이 있는 것을 선호한다. 그래야 그들이 돈을 벌수 있기 때문이다. 학자들도 적을 좋아한다. 적이 그들의 출판물을 베스트셀러로 만들어주기 때문이다." 현재 미국은 중국을 주요 적으로 간주하고 있으며, 학자들과 상·하원의원, 대통령이 한 목소리로 같은 주장을 한다. 급기야는 많은 미국인들이 중국이 정말 자신들의 적이라고 믿고 하루빨리 쓰러뜨려야 할 상대라고 믿기에 이르렀다.

일부 학자들은 글을 통해 미중 간에 전쟁을 해서는 안 된다고 주장한다. 그러나 그들 중에는 사실 공포심을 조장하고 전쟁을 부추기는 부류들이 있다. 가령 그레이엄 앨리슨은 《예정된 전쟁: 미국과 중국은 투키디데스의 함정을 피할 수 있을까?》라는 책을 출간했는데, 이 책의 10장에서 미국이 선택할 수 있는 4가지 전략을 제시했다.

첫 번째 전략은 '적응'이며, 강력한 적수와의 관계를 조정함으로써 새로운 권력 균형에 적응한다는 것이다.

두 번째 전략은 '파괴'다. 이 전략에서는 동원할 수 있는 무기로 대만을 제시했다.

"중국을 분열하고 베이징 정권의 사기를 저하시키는 전략의 일부로, 티베트와 대만의 독립을 지지하는 것이다. (……) 중국은 틀림없이 이러한 행동에 폭력적 반응을 보일 것이다. (……) 미국 군대는 은밀한 훈련과 분리주의 반란 주동자를 지지하고 (……) 중국에 내란을 조장해 베이징을 (……) 다른 일에 신경 쓸 겨를이 없게 만든다. 중국이 미국의 통치 지위를 넘보는 것을 막거나 최소한 크게 늦출 수 있다."

세 번째 전략은 협상을 통해 장기적인 평화를 이끌어내는 것이며, 네 번째 전략은 양국의 관계를 재정의하는 것이다.

대만은 졸지에 미국이 동원할 수 있는 전략적 무기가 되어버렸으니, 대만 입장에서는 영광인지 불행인지 모르겠다. 대만 사람들이 과연 다른 나라의 전략적 무기가 되기를 원할까? 대만 사람들에게 물어보기라도 했는가?

위의 경우를 통해 미래의 대만이 미중 간의 전략적 힘 겨루기에 억지로 휘말릴 가능성이 있음을 알 수 있다.

군사 측면이 이럴진대 경제적 측면은 더욱 두드러진다. 양국의 무역전쟁이 벌어지면 당사자인 양국은 물론이고 동아시아 공급체인에 참여하는 기업에게도 피해가 갈 것이다. 그중 피해가 가장 큰 쪽은 대만, 한국, 일본이 될 것이다. 중국의 대미수출이 1달러 감소할 때마다 세계 각국의 GDP는 영향을 받는다. 그중 가장 영향을 크게 받는 국가는 한국, 미국, 대만, 일본이다.[21]

특히 중국의 대미수출 물량이 가장 큰 20개 기업 중 15개가 대만 기업이다. 이것만 봐도 충분히 알 수 있지 않겠는가? 일각에서는 낙관적인 시각도 존재한다. 그들은 무역전쟁이 일어나면 15개의 대만 기업이 중국에 있는 모든 생산라인을 대만으로 이전하면 될 것이라고 말한다. 현재 15개의 대기업 외에 수많은 대만 기업이 중국에서 각양각색의 가공 산업에서 제품을 생산하고 있다. 노동집약형 기업의 경우 인건비를 낮추기 위해 중국에 진출했을 것이기 때문에 생산기지를 대만으로 옮기지 않을 것이다. 연구부서와 본사를 대만으로 옮길 수도 있으며, 이는 우리가 바라는 바다. 그러나 생산라인을 조정하고 모든 공급체인을 대만으로 옮기는 것은 현실에 맞지 않은 생각이다.

생산기지를 옮긴다면 베트남, 태국 등 동남아 국가로 갈 확률이 크다. 이런 계획을 나무랄 수도 없다. 생산자 입장에서 자신에게 유리한 생산기지를 선택할 권리가 있기 때문이다. 그리고 그런 선택으로 각국이 윈윈하는 상황이 될 수도 있다. 중국의 노동원가가 오르고 있는 상황에서 과거 일본과 대만이 그랬듯이 최저가의 조립 단계에서 중가의 원료와 반제품 제조 단계로 생산체제를 업그레이드할 수 있다. 따라서 다운스트림 기업을 모두 동남아 국가에 분산한다면, 중국이나 대만, 일본도 원료나 부품 공급지를 동남아 국가로 변경해서 동남아 국가에서 미국으로 수출하면 될 것이다.

물론 말이 쉽지 막상 실천하려면 외부 사람들이 보는 것처럼 쉽지 않을 것이다. 게다가 생산기지 이전은 경제적 요소를 고려하여 자발적으로 이뤄져야 하며, 이전 대상지에 대한 상세한 평가를 거쳐야 한다. 결코 지금처럼 무역전쟁에 쫓겨 급하게 할 일이 아니다. 급히 서두르다 보면 상대방이 제시하는 불합리한 조건도 들어줘야 한다. 가령 엄청나게 비싼 땅값을 요구할 수도 있다.

이런 상황에서 중국 대미수출의 주력군인 대만 업체가 무역전쟁에서 큰 손해를 입는다면 대만에도 불리하다. 기업들의 대만 본사는 축소될 것이며, 재무제표는 적자 투성이로 기록될 것이다. 대만의 자본시장에도 부정적 효과를 미칠 것이다.

미중 무역전쟁이 발발한다면 이 책에서 언급한 내용보다 훨씬 큰 영향을 미칠 것이다. 공급체인의 변동만으로 경제 효과를 예측해서는 안 된다. 대만에 미치는 영향이 크기 때문에 무역전쟁이 발생하지 않기를 강력히 바란다. 당연히 대만 해협에서 '무력' 전쟁이 발생해서도 안 된다. 대만은 오랫동안 평화를 유지해 왔으며, 평화로운 현상을 당연하게 받아들여 무감각한 사람들도 많다. 심지어 무역전쟁이 발생한다면 자극이 될 거라고 생각하는 사람들도 있다. 이런 생각을 하고 있다면 비난받아 마땅하다.

저자 후기
# 평화의 사자가
# 출현하기를 기대한다

"'공동진화Co-evolution'는 양국이 최대한 협력하고 관계를 조정하며 충돌을 최소화하자는 것이다. 상대방의 목표에 완전히 찬성할 수는 없으며, 이익이 완전히 일치한다고 가정할 수도 없다. 그러나 양국이 이익을 상호 보완하는 방법을 찾아내고 이를 발전시키기 위한 노력을 해야 한다. 양국 국민을 위하고 전 세계의 복지를 위해 미국과 중국은 화합할 방법을 찾아야 한다. 태평양 공동체 개념은 양국의 우려를 완화할 수 있다. 미국과 중국, 기타 국가들이 이 지역에 속하여 이 지역의 평화적 발전에 참여하는 것이다. 그렇게 된다면 미국과 중국이 공동 사업의 구성원으로서 공동의 목표를 위해 노력하면서 전략적 우려를 해소할 수 있을 것이다."

- 헨리 키신저(2011)[1] -

내 어머니는 8년 전에 세상을 떠났다. 돌아가신 어머니를 기리는 추모 음악회에서 어머니의 지난 생을 돌아보았다. 어머니의 생은 두 시기로 나뉜다. 태어나고 자라서 어른이 된 후 직업을 갖고 아버지와 결혼해 32세에 대만으로 오셨다. 이것이 전반기라면, 후반기는 대만에서 보낸 나날들이다. 32세부터 94세로 돌아가실 때까지 총 62년의 세월이다. 이 두 시기의 인생역정에서 가장 큰 차이점은 전반기는 전쟁, 후반기는 평화로 귀결된다. 전반기는 피비린내와 폭력이 난무하고 가족과 이별하는 등의 온갖 어려움과 두려움 속에서 1,28 송호사변松滬事變(상해사변)을 겪고서 대일항전을 거쳐 가족과 피난길에 올랐다. 그후 조차지租借地에서 보호를 받으며 겨우 살아나 전쟁의 고통을 끝냈다. 이 당시는 감히 돌아보기도 힘든 시절이었다. 어머니는 대만으로 온 후 평화를 누리며 자식들을 안심하고 교육시키고 원하는 일을 할 수 있었다. 평화는 실로 소중한 것이다.

아테네에 전승하고 최후에는 자신들도 패망한 스파르타는 전 국민을 병력으로 동원했다. 남자는 7세부터 군사 훈련을 받아야 했으며, 걸핏하면 채찍으로 맞으면서도 용서를 빌거나 비명을 지를 수도 없었다. 12세가 지나면 소년대로 편입되어 추우나 더우나 겉옷 한 벌로 버텨야 했다. 훈련을 한다는 명목으로 황량한 들판에 버려지고 제 힘으로 맹수와 싸우며 생존해야 했다. 30세에 공민이 되고 60세가 되어야 비로소 현역에서 물러날 수 있었다. 따라서 전쟁은 참혹하며 비인간적이다.

대만의 민주운동가인 한 선배는 일제 시대에 일본 사람들이 자신들의 통치하에 있는 대만이 '문화의 나폴레옹'이 될 수 있다는 말을 했다고 했다. 오늘날 대만은 중화민족의 일원이므로 '문화의 나폴레옹'이 될 수 있다. 기성 체제는 막중한 책임을 지고 노력해야 할 뿐 아니라, 더 나아가 대만이 '사상의 나폴레옹', '체제의 나폴레옹, '경제의 나폴레옹'이 될 수 있게 인도해야 한다.[2]

이제 우리는 한 걸음 더 나아가 대만은 마땅히 '평화의 나폴레옹'이 될 수 있다고 외쳐야 한다. 평화를 희망하고 전쟁을 원치 않는다면, 우리는 유럽을 정복하던 나폴레옹이 아닌 평화의 사자 나폴레옹이 되어야 한다.

대만이 맡아야 할 역할은 평화의 사자다. 무역전쟁뿐만 아니라 군사충돌을 막는 평화의 사자 말이다. 우리 역량을 낮게 평가해서는 안 된다. 다른 대국의 역량에 비하면 너무나 미미하여 제대로 역할을 발휘할 수 없다고 생각해서는 안 된다. 대만 역시 무역전쟁의 전략적 이해 당사자이기 때문에 더욱 적극적으로 평화의 사자 역할을 발휘해야 한다.

한국의 문재인 대통령은 우리에게 매우 훌륭한 귀감이 되었다. 그는 미국과 북한의 대화를 적극적으로 추진하고 있다. 그의 목적은 한반도의 비핵화 환경을 조성하여 남북한 경제 교류를 지속하며, 경제 성장과 경제 교류, 무역 및 인적 교류를 통해 남북한의 갈등을 점차 완화시키고 최종적으로는 피비린내 나는 과거를 탈피하여 평화로운 미래를 창조하자는 데 있다.

나는 대만 사람들 중 현 세대와 다음 세대를 막론하고 문재인 대통령 같은 인물이 나올 것으로 믿는다. 이러한 지도자가 등장하여 대만 사람들의 복지를 모색한다면 대만의 장기적 평화를 확보할 수 있을 것이다. 미래에 등장하는 위대한 사람은 그 신분에 상관없이 성공적인 평화의 사자가 될 것이다. 이 평화의 사자는 대만이 처한 핵심적인 위치에서, 동아시아 공급체인의 핵심에 있든, 아니면 동아시아 지정학 경쟁의 핵심 위치에 있든 상관없이 반드시 핵심 임무를 달성할 것이다. 이 말을 독자에게 전하고 싶다.

# 주석

## PART 1 **트럼프의 외교정책**

1.  대만의 모 대기업 그룹 고위인사의 발언이며, 이 자리를 빌려 고마움을 전한다.

2.  색으로 표시된 부분은 필자가 추가한 것이다. 이 부분과 이 책의 다른 부분에서 '중국'은 '중화인민공화국'을 지칭한다.

3.  월가 출신으로 온건파에 속한다.

4.  강경파(매파)에 속한다.

5.  강경파의 무역협상 수석대표로, 레이건 정부 시대에 무역협상 부대표로 있던 당시부터 강경한 협상 스타일로 유명했다. 1980년대에도 무역법 301조를 이용해 대만과 일본을 위협한 적이 있다.

6.  트럼프의 무역정책팀에는 다음과 같은 정책 입안자들이 더 있었다. 국가경제회의 의장 래리 커들로Larry Kudlow, 월가 투자은행가 출신의 온건파 피터

나바로Peter Navarro, 초강경파에 속한 국가경제회의 고문으로 《중국이 미국 경제를 죽이고 있다Death by China》의 저자인 존 볼턴John Bolton이다. 존 볼턴은 강경파 국가안보 고문으로 한때 아들 부시 정부의 가장 강경한 매파 인사였으며, 미국이 이라크 전쟁을 일으킨 것을 지지한 행위를 한 번도 후회한 적이 없으며, 이란의 핵무기 계획에 대해 강경한 태도를 취할 것을 주장한다.

7. 대만 일간지 〈롄허보聯合報〉, https://udn.com/news/story/11311/3406513 참조.

8. 2018년 12월 1일 캐나다 경찰이 미국의 요구에 응하여 공항에서 중국 화웨이 재무이사(회장의 딸) 멍완저우를 체포했다. 캐나다 검찰의 멍완저우에 대한 기소는 뉴욕 브룩클린 법원의 검사가 12월 3일 캐나다 검찰에 3페이지 달하는 편지를 보내면서 시작되었다. 멍완저우는 12월 11일 보석금을 내고 풀려났으며 2019년 2월 6일 법정에 출두할 예정이다. 미국은 멍완저우의 구속기간 60일이 끝난 후 정식으로 신병인도를 신청했다. 캐나다 측은 신병인도 요구를 받은 후 30일 만에 인도공청회를 실시할 것이다. 상세한 내용은 〈중스전자보〉中時電子報, https://www.chinatimes.com/newspapers/20181220001421-260119 참조.

9. 〈중스전자보〉 보도(2018.12.28), "로이터 통신에 따르면 미국 트럼프 대통령은 국가 긴급사태에 기반하여 미국 기업의 중국 화웨이와 중싱의 통신장비 사용을 금지하는 행정명령 선포를 고려하고 있다. 이는 트럼프 정부가 화웨이와 중싱을 미국 시장에서 배제하려는 최근의 움직임에 발맞춘 조치다. 이 명령은 미국 상업부가 미국 기업에 '중대한 국가안보위험'이 있는 외국 통신업체의 장비 구매를 금지하는 내용이다. 이 소식통은 비록 중싱과 화웨이를 지칭하지 않았으나 상업부 관리는 이 명령을 이 두 기업을 겨냥한 것으로 해석하고 있다고 밝혔다. 이 명령은 미국의 '국제긴급경제권법International Emergency Economic Powers Act'에 연관되며, 미국에 위협을 초래하는 국가의 상업 행위를 대통령이 규제할 수 있게 한 법이다. https://www.chinatimes.com/realtimenews/20181227002735-260408 참조.

10. 제조업 구매관리자지수<sub>PMI</sub>는 신규주문지수, 생산지수, 종업원 지수, 공급업
    체 배송시간지수, 주요 원자재 재고지수, 5개 항목의 가중치로 구성된다.

11. https://www.chinatimes.com/realtimenews/20190103003626-260408 참조.

## PART 2  전쟁의 근원

1. 미국 해병대 대장 출신으로 미국 중앙사령부 사령관, 북대서양조약기구<sub>NATO</sub>
   최고연맹군 사령관, 국방부장관을 역임했다. 박학다식하여 그의 연설에는
   늘 '명언'이 언급된다. 이 자리에서 한 발언도 훗날 '명언'으로 회자되었다.

2. 원래 아테네의 장군이며 작가였다가 이 전쟁에 참전했다. 죽기(기원전 약
   400년) 전에 아테네의 패망을 목도했으나 스파르타의 몰락은 보지 못했다.

3. Peloponnesian War(431~404 BC), 제2차 펠로폰네소스 전쟁<sub>Second Peloponnesian</sub>
   <sub>War</sub>이라고도 한다(스파르타와 아테네 간의 제1차 펠로폰네소스 전쟁이 발생한
   것은 기원전 460~446년이다). 이 전쟁은 3단계로 나뉜다. 1단계는 기원전
   431~421년의 아르키다무스 전쟁<sub>Archidamian War</sub>(스파르타의 국왕이자 장군 아르키
   다무스 2세로 명명함), 2단계는 기원전 421~413년의 니키아스<sub>Nicias</sub>(아테네 장
   군) 평화, 3단계는 기원전 413~404년의 아테네가 패한 제2차 전쟁이다.

4. 고대 그리스 시대의 정식 명칭은 Lacedaemon으로, 《펠로폰네소스 전쟁》에
   서 스파르타를 부르는 이름이었다.

5. 델로스 동맹은 기원전 478년에 결성되었으며 100여 개의 그리스 도시국가
   들로 구성된 연맹으로 아테네가 주도했다. 페르시아의 제2차 그리스 침공
   마지막 단계에서 그리스가 승리를 거둔 후, 페르시아 제국에 계속 대항하
   기 위해 결성한 동맹이다.

6. 새롭게 떠오른 테베<sub>Thebes</sub>(그리스 중부에 위치하며 아테네의 북서쪽에 있음)에 패
   배한 데 이어 마케도니아에도 패배하면서 쇠망의 길을 걸었다.

7. The Theucydides or Theucydidean Trap. '투키디데스의 함정' 개념을 최초

로 제시한 사람은 미국의 소설가이자 극작가인 허먼 오크<sub>Herman Wouk</sub>(1980)
로, 그는 대국이 부상하면 반드시 전쟁이 일어난다고 말했다. 이 개념은 훗
날 코커(Coker, 2015)와 앨리슨(Allison, 2017) 등이 인용하여 논술했다.

8.  심의 형식의 공민대회이며 매월 한 차례 집회를 갖는다. 만 30세 이상의 공
    민은 누구나 참가할 수 있으며 민주적 심의에 관한 일반적 토론을 진행한
    다. 주원평 외 저《이상국의 벽돌理想國的磚塊》(2017) 참조.

9.  "The truest explanation, although it has been the least often advanced,
    I believe to have been the growth of the Athenians to greatness,
    which brought fear to the Lacedaemonians and forced them to war."
    *Thucydides*(English translation by Charles F. Smith), 1956, p.43. https://ryanfb.
    github.io/loebolus-data/L108.pdf 참조.

10. 코린트는 그리스 서남부의 펠로폰네소스 반도와 그리스 동남부 아테네 지
    배 지역을 연결하는 도시로, 스파르타가 이끄는 펠로폰네소스 연맹의 회
    원이며, 전쟁 도화선의 주역이기도 하다. 그리스 북쪽 발칸반도 서안에 있
    는 작은 도시 에피담노스<sub>Epidamnus</sub>(오늘날 알바니아 수도에서 서쪽으로 30킬로미
    터 거리에 위치한다)는 코린트와 케르키라<sub>Corcyra</sub>(그리스 서북부, 발칸반도 서안
    에 위치하며, 오늘날 알바니아에 속한다) 두 지역의 식민지에서 유래하며, 기원
    전 627년에 건설된 도시이다. 이 도시는 북방 이민족의 침략에 자주 노출
    되어 주민들의 삶이 어려워지자 중심도시 케르키라에 구원을 청했으나 받
    아들여지지 않았다. 에피담노스는 다른 중심도시 코린트에 지원을 청하여
    동의를 얻어냈다. 그러나 코린트 측이 군대를 파견하려고 하자 코린트의
    세력이 커질 것을 우려한 케르키라는 이를 막아섰다. 케르키라는 원래 '비
    동맹' 도시였으나 이 과정에서 펠로폰네소스 연맹에 속한 코린트의 세력을
    막기 위해 아테네에 지원을 청했다. 아테네는 해군을 출동시켜 코린트 군
    대를 막았으며(단 정면충돌은 피했다), 이에 따라 코린트는 케르키라와의 전
    투에서 승세를 타고 추격할 수 없어서 교착 상태가 되었다. 이 사건은 기

원전 435년에 발생했으며, 이를 계기로 코린트와 아테네는 원한관계가 되었다. 3년 후인 기원전 432년, 아테네는 펠로폰네소스 연맹에 속한 메가라 Megara(케르키라와 코린트의 전쟁에서 코린트에 협조함)에 대한 무역제재를 가했으며, 이어서 자신들의 맹방이지만 코린트의 식민지였던 포티다이어Potidaea 를 공격함으로써 양측의 관계도 악화되었다.

11. 오늘날 에게 해(그리스 동쪽 해역) 동북부에 위치한다.

12. 아테네와 해상으로 출항하는 입구를 연결하는 70킬로미터 길이의 좁은 성벽을 지칭한다.

13. 제1차 펠로폰네소스 전쟁 후, 스파르타와 아테네가 기원전 446~445년 사이에 체결한 30년 평화조약.

14. 공민회의의 민선대표가 왕에게 통치권을 부여하며, 왕은 주로 군사 분야를 책임졌다.

15. 최고 행정관ephor은 총 5명이며 임기는 1년으로, 공민이 선출하며 통치 실권을 갖는다. 스티니라이다스는 5명의 최고 행정관 중 한 명이었다.

16. Graham Allison, 저서로는 《예정된 전쟁: 미국과 중국은 투키디데스의 함정을 피할 수 있을까? Destined for War: Can America and China Escape Thucydides's Trap?》가 있다. Allison(2017) 참조.

17. https://www.foreign.senate.gov/imo/media/doc/111417_Allison_Testimony.pdf 참조.

18. Purchasing Power Parity, 각국의 각각 다른 가격수준(생활비)에 근거하여 계산한 화폐간 환율로, 명목환율과 크게 차이가 나는 경우가 많다.

19. https://www.intelligence.senate.gov/hearings/open-hearing-worldwide-threats-hearing-1 참조.

20. https://thediplomat.com/2018/07/the-us-senate-considers-chinas-economic-coercion/ 참조.

21. 현 콜로라도 주 미연방 상원의원이자 외교위원회 아시아태평양 위원회 의

장으로, 2017년 5월에 대표단을 인솔하여 대만을 방문한 적이 있다.

22. https://www.whitehouse.gov/wp-content/uploads/2017/12/NSS-Final-12-18-2017-0905-2.pdf 참조.

23. 이 활공비행체에 장착한 탄도미사일 탄두는 추진기와 분리된 후 자력 비행하며, 위치를 조정함으로써 요격 미사일을 피할 수 있다.

24. 094형 잠수함이라고도 하며, 노후한 1세대 092형 핵동력 잠수함을 대체했다.

25. 육지 기반(육상 발사)과 해상 기반(해상 발사) 능력을 동시에 갖춘 핵 무장능력이다.

26. https://www.intelligence.senate.gov/sites/default/files/documents/os-dcoats-021318.PDF 참조.

27. https://www.whitehouse.gov/wp-content/uploads/2018/06/FINAL-China-Technology-Report-6.18.18-PDF.pdf 참조.

28. 이하는 보고서의 중점으로, 앞서 언급한 네 가지 유형을 제시했을 뿐이며 보고서에서 자세히 논하지는 않았다.

29. https://foreignpolicy.com/2012/04/23/the-enemy-within-2/참조.

30. 16,906달러, 세계은행 세계발전지수 데이터베이스, 2018 참조.

31. https://www.interbrand.com/best-brands/best-global-brands/2018/ranking/ 참조.

32. https://zh.cn.nikkei.com/industry/management-strate gy/31274-2018-07-10-00-48-42.html 참조.

33. 특히 5G 시대가 도래하면서 화웨이는 기술과 비용에서 큰 우위를 차지했다. 따라서 다른 나라들이 화웨이를 막기 위해 고심하고 있다.

34. 미국 잡지 〈화공과 엔지니어링 뉴스Chemical & Engineering News, C&EN〉의 글로벌 화학제품업체 2017년 매출액에 근거한 순위. https://cen.acs.org/business/nance/CENs-Global-Top-50-chemical/96/ i31 참조.

35. marketing91.com, Hitesh Bhasin, https://www.marketing91.com/ top-

automobile-companies-2017/ 참조.

36. 인터넷 관련 산업에서 중국은 고속발전을 이룩하여 눈길을 끌었다. MarketWatch(2018.5.31)에서는 Kleiner Perkins의 조사 결과를 인용했다. 미국 증시에서 글로벌 20대 인터넷 기업 중 중국 기업이 9개를 차지했으며, 그 명단은 6위의 알리바바, 7위의 텅쉰騰訊, 9위의 마이진푸蟻金服, 13위의 바이두百度, 14위의 샤오미小米, 16위의 디디추싱滴滴出行, 17위의 징둥京東, 19위의 메이퇀뎬핑美團點評, 20위의 진르터우탸오今日頭條이다. 나머지 11개 기업은 1위의 Apple, 2위의 Amazon, 3위의 Microsoft, 4위의 Google/Alphabet, 5위의 Facebook, 8위의 Netflix, 10위의 eBay+PayPal, 11위 Booking Holdings, 12위의 Salesfore.com, 15위의 Uber, 18위의 Airbnb로, 모두 미국 기업이다. 현재 중국의 혁신 및 창업생태 환경도 형태를 갖추고 있으며, 창업투자도 상당히 활발하고 많은 성과를 보이고 있어서 미래의 발전을 예측할 수 있다. Tan(2011)과 Hvistendahl(2018)는 이에 대해 설명했다. 하지만 유감스럽게도 (MarketWatch를 포함하여) 많은 매체에서 제목(심지어 본문에서도)에 '인터넷 기업'을 '과학기술기업Tech Companies'으로 써서 사람들은 중국이 세계 과학기술업계에서 2위에 올랐다고 오인하게 만들었다.

37. Hvistendahl(2018)이 MIT Technology Review에 보도한 바에 따르면, 1991년부터 2016년까지 중국 정부의 연구개발 지출 규모 30배가 증가했으며, 2009년에 그 총액이 일본을 추월했다고 한다. OECD는 중국이 이 항목에서 2019년에 미국을 추월할 것으로 예측했다. 연구개발에 주력한 결과 어느 정도 성과는 있었다. 가령 과학과 엔지니어링 분야의 총 논문 수에서 중국은 이미 미국을 추월했으며, 국제 특허 소유권은 미국의 뒤를 이어 2위를 차지하고 있다. 인공지능 분야에서 중국의 논문과 특허 수는 세계 1위이며, 나노과학의 특허 수도 세계 1위다. 이밖에 중국은 세계 최대의 무선신호 단일 수신장치와 몇 대의 고속 슈퍼 컴퓨터, 세계 최대의 가속기를 구축했다. 2016년 중국은 세계 최초로 양자통신위성을 발사했으며, 2020년까

지 5G 이동통신, 종자육성, 로봇 분야에서 세계 최고 수준에 오를 계획이며, 2030년까지는 인공지능 분야에서 세계 최고 수준에 오를 계획이다. 이런 것들은 경이로운 성과 이상이라고 할 수 있다. 그러나 이 보도에서는 숫자 통계만 나와 있으며, 숫자가 질을 의미하는 것이 아니라고 지적했다. 가령 논문의 질 측면에서 2007년부터 2017년까지 중국은 총 2.06백만 편의 과학 논문을 발표했으나 인용되는 비율이 9.4편에 불과하여 선진국에는 한참 못 미친다는 것이다. 이는 미국의 17.5편, 영국의 17.3편, 독일의 16.2편, 프랑스의 15.4편, 이탈리아의 14.6편, 일본의 12.0편과는 큰 차이가 있다. 이밖에 특허 건수는 많지만 기술 무역에서 중국은 큰 폭의 적자를 나타내고 있으며, 이는 이 많은 특허들이 시장에서 아직 수입을 창출하지 않고 있음을 의미한다. Appelbaum(2018) 참조. 필자는 주윈한朱雲漢(2019년)의 연설에서 MIT Technology Review의 국제연구개발 지출 관련 보도를 접했으며, 이 자리에서 감사를 표한다.

38. Nye(2015)도 군사, 경제, 소프트파워를 종합적으로 판단할 때, 중국은 미국과 아직도 큰 격차가 있다고 주장했다. Katzenstein(2012)는 현재 중국에 대한 공포는 과장되었을 가능성을 제기하고, 이는 과거 일본의 부상에 독일과 미국이 공포를 느낀 것과 같다고 주장했다. Gross(2012)는 중국 위협론이 과장되었으며, 미중 간 협력이 미국에 이익을 가져올 것이며, 일본, 대만, 남북한에도 긍정적 영향을 미칠 것이라고 주장했다. Kang(2010)은 중국의 굴기는 오히려 동아시아 지역에 안정을 가져올 것이라고 주장했다. Goodman and Segal(2013)은 중국과 외부의 의존관계가 그 행위에 영향을 미칠 것이라고 말했다. 이밖에 Deepak(2018)는 '일대일로' 정책을 분석하고, 이 정책이 아시아 지역 세력균형에 미치는 영향을 조사했다.

1.  Allison(2017). David C. Gompert, Astrid Stuth Cevallos, Cristina L. Garafola가 공동 저술한 보고서 War with China: Thinking Through the Unthinkable(2016)에서는 미중 양국의 군사역량과 군사충돌 발생의 가능성을 분석했다.

2.  Adam Smith, *An inquiry into the Nature and Causes of the Wealth of Nations*, 1776년 초판. https://www.ibiblio.org/ml/libri/s/ SmithA_ WealthNations_p.pdf 참조.

3.  *Kicking Away the Ladder—Development Strategy in Historical Perspective*, Ha-Joon Chang, 2002 참조.

4.  프리드리히 리스트는 독일관세동맹(독일의 여러 주 사이에 관세를 폐지하여 독일 경제를 통일함)을 촉진한 핵심 인물이다. 독일은 이를 계기로 정치 통일 노선을 걸었다. 그는 국내에서는 철저한 자유무역을 실행해야 하지만, 국제무역에서는 자국에 유리한 업종만을 개방하고, 취약하여 국제 경쟁력이 떨어지는 업종은 개방하지 않아야 한다고 주장했다. 산업정책을 실시하여 자국 산업을 보호해야 하며, 원자재에는 제로 관세를 부여하고 공업 제품에는 높은 관세를 매겨 자국 공업의 발전을 촉진하고, 해당 공업이 발전한 이후에 대외 개방을 할 것을 주장했다.

5.  "Britain is widely regarded as having developed without significant state intervention. However, this is could not be further from the truth.", *Kicking Away the Ladde—Development Strategy in Historical Perspective*, Ha-Joon Chang, 2002 참조.

6.  Paul Bairoch(1993) 참조.

7.  이것이 당시 사용한 단어였으며, 이후 '아프리카계 미국인African American'이라는 정확한 호칭으로 점차 바뀌었다.

8. 국회의 권력 강화, 미국 경제의 현대화, 보호주의를 주장하며 민주당에 맞선 미국의 정당이다. 훗날 흑인해방문제로 분열하며 해산했다. 링컨은 1860년에 공화당 소속으로 미국 대통령에 당선되었다.

9. 휘그당의 창시자로 미국 국무장관을 역임했으며, 대통령 경선에 다섯 차례 참가했다.

10. 공유지를 증여하여 대학 설립을 장려하고 농공업 연구를 증진하는 일련의 미국 법률.

11. 영국이 1651년부터 구축하기 시작한 일련의 법률.

12. 이런 규제로 인해 아메리카 대륙에서 독립혁명의 씨앗이 뿌려졌다. (Ormrod, 2003) 참조.

13. Ormrod(2003, P.33-34) 및 주원펑(2010: 23) 참조.

14. 스페인 합스부르크 왕가는 세력을 키운 후 조금씩 포르투갈에 침투하기 시작했다. 결혼을 통해 합스부르크의 혈통을 포르투갈의 왕실에 심어 두었다. 펠리페 2세가 스페인 왕위를 계승한 후 포르투갈에는 왕위 계승 위기가 찾아왔다. 1578년 펠리페 2세의 사촌동생인 포르투갈 왕 세바스티앙 Sebastião이 북아프리카의 무슬림을 공격했으나 전쟁에 패하고 포로로 잡혀서 처형되었다(포르투갈 측은 실종이라고 주장). 당시 추기경이던 왕의 숙부 엔리케Henrique(엔히크)는 왕위를 계승하려고 했으나 교황으로부터 거부당했다. 엔리케는 1580년 후사 없이 사망했고, 조카 안토니오António가 왕위에 올랐다. 그러나 안토니오의 계승은 교황의 승인을 받지 못했다. 교황은 엔리케의 외조카인 스페인 국왕 펠리페 2세를 포르투갈 왕위에 앉히고자 했다. 같은 해 11월, 펠리페 2세가 군대를 이끌고 포르투갈에 진격하여 순식간에 리스본을 점령했다. 쫓겨난 안토니오는 파리와 포르투갈 외곽의 섬을 전전했다. 포르투갈 추밀원은 군대와 교황의 압박에 못 이겨 펠리페 2세의 포르투갈 왕위 계승을 조건부로 수락함으로써 펠리페 2세는 포르투갈 왕 필리페 1세가 되었다. 그 조건은 첫째, 포르투갈을 유일한 독립정부의 관할

하에 두는 체제를 유지한다. 둘째, 포르투갈 왕국과 그 해외 영지는 국왕이 임의로 스페인 영토나 속주로 편입시킬 수 없다. 셋째, 포르투갈어의 국어 지위를 유지한다는 것이었다.

15. 이때부터 이탈리아에서 스페인 왕조의 세력이 구축되었다.

16. 해상에서 오스만 제국(터키) 군대를 격퇴하고 지중해의 통제권을 지켰다.

17. 군주제 국가로, 합스부르크 가문House of Habsburg에서 1287~1918년 오스트리 아를 통치했고 1506~1700년 스페인의 모든 합스부르크 왕조를 통치했다.

18. 그중 1609~1621년 12년의 평화가 존재했다.

19. 1618~1648년, 신성로마제국의 내전이 대규모 전쟁으로 비화한 시기.

20. 신성로마제국은 중세 중부유럽에서 각국의 초민족적 영역을 일컫는 명칭 으로, 주요 영역은 현재의 독일에 있었다.

21. 1648년 5월부터 10월까지 독일 베스트팔렌에서 체결한 조약. 학자들은 대 부분 이 조약을 현대 국제관계체계의 시작으로 여긴다.

22. MacDonald and Parent(2018). 이 책에서는 1870년부터 모든 강대국의 흥망 성쇠 과정을 연구했고, 설사 열세에 처한 강대국이라도 적절한 정책을 채 택하면 재기할 수 있다는 사실을 발견했다.

23. BBC 중문사이트(2018.9.5). "미국의 기밀해제문건에 따르면 쿠바 위기 후 2년간 미국은 핵공격을 통해 러시아와 중국을 궤멸할 계획을 세웠다." https://www.bbc.com/zhongwen/trad/chinese-news-45424542 참조.

24. 유럽석탄철강공동체는 1952년 결성되었다. 회원국은 프랑스, 서독, 이탈리 아, 벨기에, 네덜란드, 룩셈부르크이며 발효 기간은 50년이다. 1965년 4월 8일 합병조약을 통해 유럽 경제공동체에 편입되었다.

25. 1991년 12월 9일부터 10일까지 네덜란드의 마스트리흐트Maastricht에서 거행 된 제46회 유럽공동체 정상회의에서 '유럽 경제와 통화연맹조약'과 '정치 연맹조약' 초안에 서명했으며 둘을 합쳐 '유럽연맹조약'으로 불렀다. 정식 조약은 1992년 2월 7일에 체결하여 1993년 11월 1일부터 발효되었다.

26. 2007년 12월 13일 포르투갈의 리스본에서 모든 EU 회원국이 서명했으며, 2009년 12월 1일 정식으로 발효되었다.

27. "And I would just say that what we've got to do is engage diplomatically, engage in terms of alliances, engage economically and maintain a very strong military so our diplomats are always engaging from a position of strength when we deal with a rising power."

28. 다음을 참조할 수 있다.

(1) 미중 양국은 핵무기, 우주항공, 군사 배치에서 구체적인 조치를 취함으로써 상호신뢰를 증진할 수 있음을 알 수 있으며, 나아가 양국 모두에 불리한 군비경쟁과 군사충돌을 피할 수 있다(Steinberg and O'Hanlon, 2015).

(2) 미중 양국은 아시아에서 권력을 나눠야 한다. 그렇지 않으면 그 상상하기 어려운 결과를 초래할 수도 있다(White, 2013).

(3) 중국은 각 방면에서 굴기를 시도한다. 그러나 미국은 아시아에서 세력이 막강하며 그 기반이 단단하여 저항할 수 있다. 설령 완전한 주도권을 갖지 않아도 거대한 영향력을 갖고 있다(Dyer, 2014).

(4) 충돌의 위험이 두드러지지만 기존 체제에서 중국 경제가 효과적으로 발전하고 있음을 보여주고도 있다. 따라서 기존 체제를 변화시킬 동기가 없다(Roy, 2013).

(5) coopetition(상호 이익을 위한 경쟁 회사 간 협력)이라는 말을 사용해 협력과 경쟁이 동시에 이뤄지는 미중관계를 설명했다. 필자(2016)가 편찬한 책에도 1990년대 이후 중국이 각 분야에서 겪은 큰 변화가 소개되어 있다(Shambaugh, 2013).

1.  기존의 '공업동원법'을 수정한 것이다.

2.  중국과 전투를 벌이기 위해(1937년 77사변 발생) 자원국과 내각의 기획청을
    합병했다.

3.  전쟁 전 미쯔이 그룹의 최고경영자. 1931년 9.18사변 후 그가 이끄는 미쯔
    이 그룹은 정부의 금 수출 금지를 앞두고 많은 달러를 벌어들여 비난을 받
    았다. 같은 해 12월 이누카이 쓰요시犬養毅 내각이 출범한 후 금 수출을 금지
    하면서 순식간에 거액의 이익을 벌어들였다. 이에 재벌과 정부에 대한 국
    민의 불신이 배가되었으며, 혈맹단血盟團(일본의 극우파 테러조직)은 단 다쿠
    마를 제거하기로 했다. 1932년 3월 미쯔이 주식회사 정문에서 단 다쿠마는
    혈맹단원 히시누마 고로菱沼五의 손에 살해되었다.

4.  1946년 8월 전후 경제의 재건을 위해 설립한 '경제안정본부'에서 파생했으
    며, 1955년 7월에 정식으로 출범했다. 위안창야오袁昌堯(1996) 참조.

5.  1940년 10월에 결성되었다. 권력 집중을 촉진하기 위해 독일 나치를 모방
    하여 기존 정당을 해산한 후 단일 정당을 설립했다. 당시 독일의 나치당과
    이탈리아의 파시스트당과 함께 전형적인 파시스트 군국주의로 간주되었다.

6.  1995년에 결성된 세계무역기구WTO의 전신으로, 회원국 간 관세 장벽을 낮
    춰 자유무역을 촉진하는 취지에서 설립되었다.

7.  노벨 경제학상 수상자, 미국 매사추세츠 공과 대학 교수.

8.  미국의 반일 정서가 고조된 사례를 보여주는 사건이 있다. 천궈런Vincent Chin
    은 중국 광둥에서 태어난 미국 국적의 중국인으로, 1982년 6월 23일 미국
    의 주요 자동차 생산기지인 미시건 주 디트로이트 시의 한 호텔에서 결혼
    식을 올리던 중 일본인으로 오인을 받아 크라이슬러Chrysler 자동차 회사의
    작업라인 관리자 로널드 에벤스Ronald Ebens와 얼마 전 크라이슬러에서 해고
    당한 그의 마이클 니즈Michael Nitz와 시비가 붙었다. 결국 그는 야구 방망이로

심하게 구타를 당해 사망했다. 당시 그의 나이 27세였다. 사건이 발생한 후 미국 사법부는 두 사람에게 3,000달러의 벌금과 집행유예 3년이라는 가벼운 판결을 내림으로써 형을 살지도 않고 끝난 사건이다.

9.   장멍한莊孟翰(2018) 참조.

10.  Chu(2015)와 Werner(2015) 참조.

11.  Werner(2003) 참조.

12.  1974~1984년 일본중앙은행 부총재와 총재(각 5년)를 역임했다. 리하르트 베르너 교수에 따르면, 마에카와 하루오가 미에노 야스시를 발탁한 이유는 그가 만주에서 출생하여 만주방의 배경이 있었기 때문이라고 한다. 미에노 야스시는 중앙은행에 들어간 지 7년 후(1954년) 야마기 마사미치山際正道 총재 비서로 발탁되었으며, 2년 후 뉴욕사무소에서 근무했다. 당시 뉴욕사무소 소장이 바로 훗날 중앙은행 총재가 된 마에카와 하루오였다.

13.  1962~1974년 일본 중앙은행 부총재와 총재를 역임했다.

14.  리하르트 베르너 교수에 따르면, 미군은 전범 조사에서 위협과 석방 조치를 이용함으로써 일본의 전시 핵심 관료들(특히 만주와 관련 있는 인사들)이 훗날 미국과 우호적인 관계를 맺게 만들었다.

15.  우자쥔吳嘉駿(2016)이 리하르트 베르너 연구소에서 도출한 결론을 인용했다.

## PART 5   미중 무역전쟁이 중국과 한국 경제에 미치는 영향

1.   https://news.cnyes.com/news/id/4216229.2 참조.

2.   2015년의 수치. 2005년에는 73.1달러에 불과했다.

3.   "미중 무역전쟁의 양적분석을 어떻게 할까" FT 중문사이트(2018.5.2), http://www.ftchinese.com/story/001077372?full=y&archive 참조.

4.   CHINA ECONOMY, https://www.scmp.com/economy/china- economy/ article/2164736/trade-war-how-will-donald-trumps-tariffs- us200-

billion-goods 참조.

5. NIKKWI-〈니혼게이자이〉 신문 중문판, http://cn.nikkei.com/ politicsaeconomy/ epolitics/32453-2018-09-29-10-25-47.html 참조.

6. 〈런허신원망聯合新聞網〉, https://udn.com/news/story/11316/3483379 참조.

7. 필자의 연구에 따르면, 최근 7년 동안 투자가 이미 수출을 제치고 중국 경제 성장의 최대 역량이 되었다. Chu and Ou(2018), "Assessing the Rise of China's Domestic Supply Chain: A Macroeconomic Structural Decomposition Approach." https://papers.ssrn.com/sol3/papers. cfm?abstract_id=3267463 참조. 이밖에 류준이劉遵義(2018.9.19)가 지중문교기금회餘紀忠文教基金의 '글로벌 무역전으로 본 글로벌 정치경제 변화' 회의에서 다음과 같이 지적했다. 즉 미중 무역전쟁으로 인해 중국의 대미수출이 절반으로 감소한다면 중국의 GDP는 약 1.12퍼센트 영향을 받을 것이다. 후속 관련연구결과는 Lau(2019) 참조.

8. 리양李揚(고문)과 리핑李苹(편집장)(2019), 참관인(2018.12.24), https:// m.guancha.cn/politics/2018_12_24_484449.shtml?s=fwrphbios& from=grou pmessage&isappinstalled=0 참조.

9. 중국 인민대학교 중국거시경제포럼(2018). 이밖에 아시아개발은행 연구 보고서에 따르면, 트럼프가 이미 실시한 무역제재로 인해 중국 성장률은 0.5 퍼센트 하락하고 미국의 성장률은 0.1퍼센트 하락할 것이라고 한다. 그러나 무역전쟁으로 미국이 중국 상품에 25퍼센트의 관세를 전면 부과할 경우, 중국의 성장률은 1퍼센트 하락하고 미국의 성장률은 0.2퍼센트 하락할 것이다. 자세한 내용은 Abiad and associates(2018) 참조.

10. 표의 품목은 최종 결정된 명단이며, 원래 명단이 아니다. 절차에 따라 원래 명단을 발표한 후 각계 의견을 수렴하여 조정한 후 최종 명단을 확정한다. 후자의 항목 수는 전자보다 적다. 관세가 발효된 후 무역전쟁의 영향을 받는 미국 기업은 90일 동안 정부에 1년 기한의 '관세면제'를 신청할 수

있다. 미국 연방관보_Federal Register_가 2018년 12월 28일 발표한 통보에 따르면, 미국 정부는 984개 항목의 관세면제 요청을 비준했으며, 이미 승인 절차를 끝낸 2천2백 건 중 44퍼센트나 되는 높은 비율이다. 관세면제를 받은 상품은 제1차 25퍼센트 관세부과 항목으로 7월 6일 발효되는 명단에 속한다. 통보에 따르면 면제받은 제품은 선박추진시스템 불꽃점화엔진, 방사선 치료 시스템, 에어컨 및 난방 시스템의 항온기, 채소 탈수기, 수송벨트, 모듈 벤딩롤러, 스테인레스 칼 등이 포함된다. 미국 세관과 국경 보호국은 입국 지도와 실시 지시를 발표할 것이며, 관세면제는 7월 6일로 소급된다. https://www.chinatimes.com/newspapers/20181229000266-260203 참조.

11. 이번에 발표한 명단에는 5,734개 항목 과세 명단과 11개 항목 명단으로 되어있다. 전자(5,734개 항목)에서 11개 항목 중 세부 업종(10단위)은 예외적으로 과세되지 않는다.

12. 즉 이 두 유형의 수입품으로 구성된 종합상품함수는 CES 생산함수_constant elasticity of substitution_에 속한다. 자세한 내용은 Armington(1969) 참조.

13. 제3차 제재의 관세도 25퍼센트로 계산했다.

14. IMF(2018.10.12), https://www.cnbc.com/2018/10/12/ international-monetary-fund-on-impact-of-trade-war-on-china-economy.html 참조. 세계은행_World Bank_(2019)이 발표한 '글로벌 경제 전망'은 '온 하늘에 먹구름이 가득하다_Darkening Skies_'라는 제목으로 2019년 경제 전망의 심각함을 표현했다. 이 전망에 따르면 미국 경제 성장은 2018년의 2.9퍼센트에서 2019년 2.5퍼센트로 하락할 것이며, 중국의 성장률은 2018년의 6.5퍼센트에서 2019년의 6.2퍼센트로 하락할 것이라고 한다. 천원시陳文(2019) 참조.

15. 중국어 명칭은 '워얼워沃爾沃'이다.

16. 2015년 수치에 따른 것이며, 이는 해당 데이터베이스_TiVA_의 최신 자료다.

17. 외자기업(외국인 투자자와 대만, 홍콩, 마카오 기업 포함)은 이미 중국 경제의 중요한 구성 요소가 되었다. 2017년 수출입을 살펴보면 외자기업의 수출입 총

액이 중국 전체에서 약 50퍼센트를 차지하며, 공업생산 규모에서 외자기업의 기여도가 전국의 25퍼센트에 육박한다. 세수 분야에서 외자기업의 세금 납입액은 전체의 20퍼센트에 달하며, 전국 일자리의 10퍼센트를 제공했다.

18. 이 공식은 다음과 같이 쓸 수 있다.

**수출 초과**(수출 - 수입) = **저축**(민간과 정부 포함) - **투자** 또는

**수입 초과**(수입 - 수출) = **투자** - **저축**(민간과 정부 포함)

이처럼 한 나라의 저축이 투자를 밑돌 경우(국민소비가 높거나 정부적자가 높아서 발생할 가능성 있음) 수입 초과가 발생하며, 반대의 경우 수출 초과가 발생하는 것을 알 수 있다. 즉 미국의 무역적자는 전체 구조의 균형상실 문제를 반영하고 있다. 미국의 국내소비가 지나치게 높고 저축이 낮으며 투자수요가 충분치 않을 때 무역적자가 발생한다. 인위적인 힘으로 미중무역의 균형을 유지하더라도 다른 국가에 대한 미국의 무역적자는 같은 양으로 확대될 것이며, 결국 무역적자의 전체 규모는 불변할 것이다. Roach(2015) 참조.

19. 부가가치(국민 총생산)가 생산총액에서 차지하는 비율을 가리키며, 생산총액은 우측 괄호 안의 각 항목 합계와 같다.

20. 생산 과정에 필요한 원료와 부품 등 소모성 제품을 가리킨다.

21. 왕젠취안王建全(2018), 주원평(2018a , 2018b , 2018c , 2019), 리춘李淳(2018), 우중수吳中書(2018), 린젠푸林建甫(2018),쉬자둥許嘉棟(2018), 류다녠劉大年(2018), 류이루劉憶如(2018), 쉐치薛琦(2018), 옌전성嚴震生(2018)의 견해 참조

## 저자 후기

1. Kissinger(2011) 참조.
2. 황황슝黃煌雄(1980) 참조.

## 중국어 자료

- 왕젠취안王健全, 2018, '미중무역전쟁의 내수 리스크 확대中美貿易戰擴大內需避險', 중궈스바오中國時報, https://opinion.chinatimes.com/20180920004235-262105.

- 중국인민대학 중국거시경제포럼, 2018, '2018-2019년 중국 거시경제 보고서: 개혁개방의 새로운 노정 속 중국 거시경제改革開放新征程中的中國宏觀經濟', 베이징: 중국인민대학.

- 주윈펑朱雲鵬, 2010, '핵심처방: 신흥국가를 부강으로 이끌 인물과 행동關鍵處方: 引領新興國家走向富強的人物和作爲', 타이베이: McGraw-Hill .

- 주윈펑, 왕리성王立昇, 우중수, 정뤼허鄭睿合, 우젠중吳建忠, 2017, '이상국의 벽돌: 맹목적인 인민주의자가 심의 민주주의를 만났을 때理想國的磚塊: 當盲目民粹遇到審議民主' 타이베이: 우난五南.

- 주윈펑, 2018a, '양안경제의 거시적 해부宏觀解析兩岸經濟', 인터뷰, 위안중핑彭宗平, 리즈앙李知昂, IC의 소리(편저), '대만의 내일: 양안관계와 선진문명사회로 향하는 사고兩岸關係與邁向先進文明社會的思考'에 수록됨. 타이베이: 위안류遠流, P.60-73.

- 주윈펑, 2018b, '무역전쟁을 극복한 3가지 방법: 업그레이드, 우회진출과 안정三招熬過貿易戰: 升級、轉進和穩定', 중궈스바오, https://opinion.chinatimes.com/20180912003959-262104.

- 주윈펑, 2018c, '미국 데이턴 시의 슬픔으로 본 트럼프의 무역정책從美國代頓市的哀傷看川普的貿易政策', 중궈스바오, https://opinion.chinatimes.com/20181010003461-262104.

- 주윈펑, 2019, '트럼프가 하늘의 검은 구름을 걷어가기를 기대한다期待川普移走天空的烏雲', 중궈스바오, https://opinion.chinatimes.com/20190116004524-262104.

- 리양李揚(고문), 리핑李平(편집장), 2019, '경제청서 2019년 중국경제형세의 분석과 예측經濟藍皮書2019年中國經濟形勢分析與預測', 베이징: 사회과학문헌출판사.

- 리춘李淳, 2018, '리스크와 기회가 공존하는 시련風險與機會並存的考驗', 중궈스바오, https://www.chinatimes.com/newspapers/20181224000583-260109?fbcli d=IwAR24OJW87K5IOgj5xuHHmvzxcn2M6VgsTNtJYoKAKos_KgHnvZBAFc67fyw.

- 우중수吳中書, 2018, '글로벌 경제질서 격변추세와 대만의 선택全球經濟秩序劇變趨勢與台灣的選擇', 타이베이: 센다이재경기금회現代財經基金會가 개최한 '글로벌 경제무역 변화 구도 하의 대만의 대책 세미나'(2018.10.9).

- 우자쥔吳嘉駿, 2016, "일본의 쇠퇴日本的衰敗", 문화연구文化研究@링난嶺南, 50. http://commons.ln.edu.hk/mcsln/vol50/iss1/2/.

- 린젠푸林建甫, 2018, '미중무역전쟁에 도사린 허점투성이 수단과 가혹한 수단美中貿易戰有虛招, 有狠', 타이베이, 롄허바오聯合報, https://udn.com/news/story/7339/3443250.

- 위안창야오袁昌堯, 장궈런張國仁, 1996, '일본의 간략한 역사日本簡史', 타이베이: 슈린書林.

- 쫭멍한莊孟翰, 2018, '일본의 잃어버린 10년 부동산의 험난한 역정 탐구探討日本'失落二十年'的房市辛路歷程', 리차이저우칸理財周刊, http://www.moneyweekly.com.tw/Journal/article. aspx?UIDX=22198544160.

- 천원시陳文茜, 2019, '글로벌 경제 침체의 그림자가 미중협상의 가속화를 촉진한다全球經濟降溫烏雲罩頂促美中加快談判腳步', 중톈신원中天新聞'원시스제저우바오文茜世界周報'(2019.1.12), https://www. youtube.com/watch?v=iM-wO6t49n8.

- 쉬자둥許嘉棟, 2018, '무역전쟁이 세계금융형세에 가하는 충격貿易戰對全球金融情勢的衝擊', 타이베이: 센다이재경기금회 주최 '글로벌 금융위기가 재현될까?' 세미나 (2018.11.15).

- 황황슝黃煌雄, 1980, '민주의 길로到民主之路', 타이베이, 80년대.

- 류다녠劉大年, 2018, '무역전쟁 휴전기에 대만이 할 일貿易戰停火期的台灣功課', 중궈스바오, https://opinion.chinatimes.com/20181202002440-262105.

- 류이루劉憶如, 2018, '미국의 무역전쟁 발동에 글로벌 금융 위기의 뇌관이 숨어 있다美國發動貿易戰埋全球金融危機引信', 중궈핑룬징지왕中國評論經濟網, http://hk.crntt.com/doc/1051/9/3/5/105193518.html?coluid=93&kindid=19151&docid=105193518&mdate=0920000800.

- 쉐치薛琦, 2018, '미중무역전쟁', 타이베이에서 발표: 위지중기념기금회餘紀忠紀念基金會가 주최한 '글로벌 무역전쟁으로 본 국제정치경제 변화' 세미나.

- 옌전성嚴震生, 2018, '트럼프는 단기간에 미중무역전쟁을 일으키기 어렵다特朗普短期內難抽身打美中貿易戰', 중궈핑룬징지왕中國評論經濟網, http://hk.crntt.com/doc/1051/8/7/4/105187488.html?coluid=93&kindid=19151&docid=105187488&mdate=0916001459.

## 영어 자료

- Abiad, Abdul and associates, 2018, "The Impact of Trade Conflict on Developing Asia," Asian Development Bank Economics Working Paper Series No. 566 (Dec.).

- Appelbaum, Richard P. and associates, 2018, *Innovation in China: Challenging the Global Science and Technology System*, N.Y.: John Wiley & Sons.

- Allison, Graham, 2017, *Destined for War: Can America and China Escape Thucydides's Trap?*, Boston: Houghton Mifflin Harcourt.

- Armington, Paul, 1969, "A Theory of Demand for Products Distinguished by Place of Production", International Monetary Fund Staff Papers, 16:159-78.

- Bairoch, Paul, 1982, "International Industrialization Levels from 1750 to 1980", *Journal of European Economic History*, 11, no's 1 & 2.

- Bairoch, Paul, 1993, *Economics and World History: Myths and Paradoxes*, Chicago: Chicago U. Press.

- Bandow, Douglas, 2018, "U.S.–Sino Relations at 40: How to Deal with China While Avoiding War," *The National Interest*, see: https://nationalinterest. org/blog/skeptics/us-sino-relations-40-how-deal-chinawhile-avoiding-war-40.

- Chang, Ha-Joon, 2002, *Kicking Away the Ladder: Development Strategy in Historical Perspective*, London: Anthem Press.

- Christensen, Thomas J., 2015, *The China Challenge: Shaping the Choices of a Rising Power*, N. Y.: W. W. Norton and Company.

- Chu, Yun-Peng, 2015, "Excessive Credits and the 'Lost Decades' in Growth Performance," in Yun-Peng Chu (ed.), *Lost Decades in Growth Performance: Causes and Case Studies*, London: Palgrave Macmillan, 1–19.

- Coker, Christopher, 2015, *The Improbable War: China, the United States and the Continuing Logic of Great Power Conflict*, Oxford: Oxford University Press.

- Deepak, B. R., 2018, "China's Global Rebalancing: Will It Reshape the International Political and Economic Order?" in Deepak, B. R. (ed.), *Global China's Global Rebalancing and the New Silk Road, Singapore: Springer*, Ch.1.

- Dyer, Geoff, 2014, *The Contest of the Century: The New Era of Competition with China—And How America Can Win*, N. Y.: Knopf.

- Gompert , David C., Cevallos, Astrid Stuth and Garafola, Cristina L., 2016, *War with China: Thinking Through the Unthinkable*, CA: Rand Corporation.

- Goodman, David and Segal, Gerald, 2013, "Introduction: Thinking Strategically about China," in Goodman and Segal (eds.), *China Rising: Nationalism and Interdependence*, N. Y.: Routledge, Ch.1.

- Gross, Donald, 2012, *The China Fallacy: How the U.S. Can Benefit from China's Rise and Avoid Another Cold War*, N. Y.: Bloomsbury.

- Hvistendahl, Mara, 2018, "China's Tech Giants Want to Go Global–Just One Thing Might Stand in Their Way," *MIT Technology Review*(2018.12.19).

- International Monetary Fund (IMF), 2018, *World Economic Outlook: Challenges to Steady Growth*, Washington D.C.: International Monetary Fund.

- Kang, David C., 2010, *China Rising: Peace, Power, and Order in East Asia*, New York: Columbia University Press.

- Katzenstein, Peter J., 2013, "China's Rise: Rupture, Return or Recombination," in Katzenstein (ed.), *Sinicization and the Rise of China: Civilizational Processes Beyond East and West*, N. Y.: Routledge, Ch. 1.

- Kissinger, Henry, 2011, *On China*, London: Penguin Books.

- Lau, Lawrence, 2019, *The China–U.S. Trade War and Future Economic Relations*, H.K.: The Chinese University Press.

- MacDonald, Paul K, and Parent, Joseph M., 2018, *Twilight of the Titans: Great Power Decline and Retrenchment*, Ithaca: Cornell U. Press.

- Nye, Jr., Joseph S., 2015, *Is the American Century Over?* N.Y.: John Wiley.

- Ormrod, David, 2003, "The Rise of Commercial Empires: England and the Netherlands in the Age of Mercantilism, 1650–1770", Cambridge: Cambridge U. Press.

- Paulson, Henry M., 2015, *Dealing with China: An Insider Unmasks the New Economic Superpower*, N.Y.: Grand Central Publishing.

- Piketty, Thomas (English translation by Arthur Goldhammer), 2014, *Capital in the Twenty-First Century*, Cambridge, MA: Harvard University Press.

- Roach, Stephen, 2015, *Unbalanced: The Codependency of America and China*, New Haven: Yale University Press.

- Roy, Denny, 2013, *Return of the Dragon: Rising China and Regional Security*,

N. Y.: Columbia University Press.

- Saez, Emmanuel, and Zucman, Gabriel, 2014, "Wealth Inequality in the United States since 1913: Evidence from Capitalized Income Tax Data," NBER Working Paper No. 20625.

- Shambaugh, David L., 2013, *Tangled Titans: The United States and China*, New York: Rowman & Littlefield.

- Shambaugh, David (ed.), 2016, *The China Reader: Rising Power*, Oxford: Oxford University Press.

- Steinberg, James, and O'Hanlon, Michael E., 2015, *Strategic Reassurance and Resolve: U.S.-China Relations in the Twenty-First Century*, Princeton: Princeton University Press.

- Steinfeld, Edward S., 2012, *Playing Our Game: Why China's Rise Doesn't Threaten the West*, Oxford: Oxford University Press.

- Stiglitz, Joseph E., 2017, *Globalization and Its Discontents Revisited: Anti-Globalization in the Era of Trump*, N.Y.: Norton & Company.

- Tan, Yinglan, 2011, *Chinnovation: How Chinese Innovators are Changing the World*, N.Y.: John Wiley & Sons.

- Thucydides(English translation by Charles F. Smith), *Peloponesian War*, 1956, https://ryanfb.github.io/loebolus-data/L108.pdf.

- Timmer, M. P., Dietzenbacher, E., Los, B., Stehrer, R. and de Vries, G. J., 2015, "An Illustrated User Guide to the World Input-Output Database: the Case of Global Automotive Production", *Review of International Economics.*, 23: 575-605.

- Vogel, Ezra F., 1979, *Japan As Number One: Lessons for America*, Harvard: Harvard U. Press.

- Wang, Helen H., 2010, *The Chinese Dream: The Rise of the World's Largest Middle Class and what it Means to You*, Scotts Valley, CA: CreateSpace Independent Publishing Platform.

- Werner, Richard A., 2003, *Princes of the Yen: Japan's Central Bankers and the Transformation of the Economy*, London: Routledge.

- Werner, Richard A., 2015, "A Third Decade of Low Growth? Lessons from Japan on Financial Management and Economic Growth," in Yun-Peng Chu (ed.), *Lost Decades in Growth Performance: Causes and Case Studies*, London: Palgrave Macmillan, 20-52.

- White, Hugh, 2013, *The China Choice: Why We Should Share Power*, Oxford: Oxford University Press.

- World Bank, 2019, *Global Economic Prospects: Darkening Skies*. Washington D.C.: World Bank.

- World Input-Output Database(WIOD, 2016), see: http://www.wiod.org/home.

- Wouk, Herman, 1980, "Sadness and Hope: Some Thoughts on Modern Warfare," *Naval War College Review*, 33, No. 5, Article 3. see: https://digital-commons.usnwc.edu/nwc-review/vol33/iss5/3.

- Zheng, Yongnian, 1999, *Discovering Chinese Nationalism in China: Modernization, Identity, and International Relations*, Cambridge: Cambridge University Press.

KI신서 8895

# 미VS중 무역대전쟁

**1판 1쇄 인쇄** 2020년 1월 8일
**1판 1쇄 발행** 2020년 1월 15일

**지은이** 주원펑 어우이페이 **옮긴이** 차혜정
**펴낸이** 김영곤 **펴낸곳** (주)북이십일 21세기북스

**정보개발본부장** 최연순
**정보1팀** 윤예영 지다나 이아림 **책임편집** 지다나
**해외기획팀** 박성아 장수연 이윤경 **마케팅팀** 박화인 한경화
**영업본부장** 한충희 **출판영업팀** 오서영 윤승환 **제작팀** 이영민 권경민
**디자인** 박선향 조수현

**출판등록** 2000년 5월 6일 제406-2003-061호
**주소** (10881) 경기도 파주시 회동길 201(문발동)
**대표전화** 031-955-2100 **팩스** 031-955-2151 **이메일** book21@book21.co.kr

**(주)북이십일** 경계를 허무는 콘텐츠 리더

21세기북스 채널에서 도서 정보와 다양한 영상자료, 이벤트를 만나세요!
페이스북 facebook.com/jiinpill21      포스트 post.naver.com/21c_editors
인스타그램 instagram.com/jiinpill21      홈페이지 www.book21.com
유튜브 www.youtube.com/book21pub

서울대 가지 않아도 들을 수 있는 명강의! 〈서가명강〉
유튜브, 네이버, 팟빵, 팟캐스트에서 '서가명강'을 검색해보세요!

ISBN 978-89-509-8577-6 03320